新时代劳动教育系列教材

专家指导委员会主任　**石连海**　总主编　**李岑虎**

LAODONG JIAOYU ANQUAN GUANLI
劳动教育安全管理

主　编　◎　石连海　房祥伟
副主编　◎　李护君　于　玲　齐春梅　王俊伟

北京·旅游教育出版社

图书在版编目（CIP）数据

劳动教育安全管理 / 石连海，房祥伟主编. -- 北京：旅游教育出版社，2023.8
新时代劳动教育系列教材
ISBN 978-7-5637-4551-7

Ⅰ．①劳… Ⅱ．①石… ②房… Ⅲ．①劳动教育－安全管理－教材 Ⅳ．①G40-015

中国国家版本馆CIP数据核字(2023)第055148号

新时代劳动教育系列教材
劳动教育安全管理
石连海　房祥伟　主编
李护君　于　玲　齐春梅　王俊伟　副主编

总策划	丁海秀
执行策划	陈卫伟　施云峰
责任编辑	贾东丽
出版单位	旅游教育出版社
地　　址	北京市朝阳区定福庄南里1号
邮　　编	100024
发行电话	（010）65778403　65728372　65767462（传真）
本社网址	www.tepcb.com
E-mail	tepfx@163.com
排版单位	北京旅教文化传播有限公司
印刷单位	唐山玺诚印务有限公司
经销单位	新华书店
开　　本	710毫米×1000毫米　1/16
印　　张	13.25
字　　数	199千字
版　　次	2023年8月第1版
印　　次	2023年8月第1次印刷
定　　价	78.00元

（图书如有装订差错请与发行部联系）

新时代劳动教育系列教材
顾问、专家指导委员会、编委会

顾 问
白晓泳（中国智慧工程研究会劳动教育工作委员会秘书长）

专家指导委员会
主　　任：石连海（中国成人教育协会教师继续教育专业委员会副理事长兼秘书长）
委　　员：邓德智　甄鸿启　梅　洁　黄国萍　丁海秀

编委会
总 主 编：李岑虎（中国智慧工程研究会劳动教育工作委员会委员）
副总主编：张会臣（西安新未来劳动教育实践基地创始人）
编　　委（按姓氏拼音排列）：

包永和	蔡振禹	陈　岗	陈芸先	戴家芳	戴筱筱	邓永秀	杜丽卿
杜连丰	房祥伟	房萧萧	冯景波	付　国	高　磊	高　霞	高　岩
胡毓芳	黄明秋	霍　炜	姜　源	蒋建华	康园园	孔凡平	李　昂
李本友	李　冰	李　兵	李凤堂	李广海	李护君	李金锥	李景乐
李　明	李荣强	李小玲	李兴鹏	李英英	李玉梅	李源田	李　月
李子尚	梁　雪	梁媛媛	刘东波	刘　芬	刘华杰	刘俊凤	刘乃宝
刘胜海	刘旭东	刘雁琪	刘云飞	柳翔浩	卢　阳	罗　瑛	吕　远
孟繁胜	孟　缘	米　多	齐春梅	曲国辉	任　婧	施美彬	石媚山
史晓慧	司春霞	宋垾竹	苏在中	隋国成	孙明书	孙树伟	索利刚
谭　慧	唐文慧	田宏忠	田　莹	田张珊	王　航	王俊伟	王　靓
王立龙	王挽澜	王子璇	文智丽	巫常清	吴　华	吴振利	吴子璇
夏　强	熊　旭	薛继红	杨润勇	由　杰	于　玲	袁春艳	袁铜墙
战　帅	张　栋	张双军	张　侠	张晓白	张彦来	张志生	章永平
赵芳鎏	赵　蕾	赵晓炜	赵永奇	郑晓堂	周　科	周颖霞	朱厚颖

《劳动教育安全管理》编委会

主　编

石连海（中国成人教育协会教师继续教育专业委员会副理事长兼秘书长）

房祥伟（中国成人教育协会教师继续教育专业委员会常务副秘书长）

副主编

李护君　于　玲　齐春梅　王俊伟

编　委

梅　洁　高　岩　孙明书　戴筱筱　战　帅　吴子璇　刘华杰
卢　阳　梁　雪　李兴鹏

总 序
FOREWORD

党的二十大报告指出："教育是国之大计、党之大计。培养什么人、怎样培养人、为谁培养人是教育的根本问题。"教育要抓什么？德育、智育、体育、美育、劳育都不可偏废。2020年3月，中共中央、国务院印发《关于全面加强新时代大中小学劳动教育的意见》，提出劳动教育是中国特色社会主义教育制度的重要内容，直接决定社会主义建设者和接班人的劳动精神面貌、劳动价值取向和劳动技能水平。2022年4月，教育部正式印发《义务教育课程方案》，将劳动教育从原来的综合实践活动课程中完全独立出来，并发布《义务教育劳动课程标准（2022年版）》。2022年9月起，劳动课正式成为中小学的一门独立课程。在"双减"大背景下，国家对劳动教育的重视与日俱增，很多综合实践教育基地陆续开展劳动教育课程。在劳动教育全面铺开的背景下，却面临着高素质劳动教育指导教师短缺的问题。因此，开展劳动教育指导教师培训、编写相关培训教材迫在眉睫。

2022年7月31日，我们受旅游教育出版社之邀，与李岑虎、王立龙、石媚山等30多位来自行业、企业、院校的资深专家齐聚北京，研讨并启动全国首套新时代劳动教育系列教材编写与出版工作。本套教材由本人担任专家指导委员会主任，中国智慧工程研究会劳动教育工作委员会委员李岑虎担任总主编，各教研院校学科带头人、行业专家担任分册主编、编委，组成系列教材编委会。

"新时代劳动教育系列教材"包括《劳动教育概论》《劳动教育课程设计》《劳动教育教学方法》《劳动教育实践基地运营与管理》《劳动教育安全管理》《劳动教育案例选评》6本，编写阵容强大，突出理论与实践的结合。本套教材主要具有以下特点：

一、全国首套，理念先进

作为国内首套新时代劳动教育系列教材，本套教材涉及劳动教育性质和基本理念、目标和内容、关键环节和评价、规划和实施、条件保障与专业支持等内容。在已有的知识体系框架基础上，我们尝试传递更多、更系统的知识内容，同时根据不同年龄阶段学生的身心发展特点、认知水平设计教材教学内容，尽可能实现内容的横向和纵向贯通。

二、体系完整，科学规范

本套教材从基础性的劳动教育概论开始，由浅入深，遵循教育学的基本理论，同时也注重课程设计、教学方法、基地运营、安全管理等实操能力的培养。在编写过程中，我们认真深入研读国家政策文件，确定本套教材的重点、难点及需要注意的事项，并组织编写团队多次到学校、实践基地调研，致力于将政策文件层面的要求与实际需求相融合，贴合国家关于劳动教育的教学要求。

三、案例教学，实操性强

为方便教学，教材中引入大量案例。这些案例均来自学校、劳动教育基地，参考性强，真正做到以案例引入学习，以案例增进理解，以案例引导实操。

四、立体呈现，资源丰富

教材通过二维码链接了微课、视频、图文等富媒体资源，读者只需用手机扫码，就能够轻松浏览。

本套教材既可作为全国大中小学劳动教育指导教师培训教材，也可作为各类劳动教育实践基地专业培训用书，同时还可作为劳动教育研究机构的参考用书。

作为全国首套新时代劳动教育系列教材，在劳动教育发展日新月异的时代背景下，书中如有缺陷与不足，恳望读者指正，我们将在再版过程中予以完善与修正。

中国成人教育协会教师继续教育专业委员会副理事长兼秘书长　石连海

2023年8月

前 言

PERFACE

劳动教育是新时代党对教育的新要求，是中国特色社会主义教育制度的重要内容，是全面发展教育体系的重要组成部分，是大中小学必须开展的教育活动。劳动教育具有独特的育人价值，通过劳动能够培养学生必备的劳动能力和积极的劳动精神，帮助其树立正确的劳动价值观，养成良好的劳动习惯和品质。劳动教育安全管理以实现劳动教育安全为目标，作为劳动教育顺利开展的前提和保障，具有极其重要的现实意义。

《劳动教育安全管理》的编写是以现代教育理论为指导，契合了时代发展，回应了党的政策方针的要求，为劳动教育安全提供了理论指导。本书在编写的过程中既体现了高度、深度、广度，又适应劳动教育活动的需要；既注重理论研究，又结合了劳动教育实践。在内容上本书力求体现理论性、实践性、时代性、创新性和前瞻性的高度统一。

本书编写具有以下特点：

第一，信息量大，结构合理。本书结合近几年的政策文件和最新研究成果，从基本原理、法律责任划分、事故救济到劳动教育实践案例均有体现。

第二，内容新，时代性强。本书在编写过程中着力收集最新的政策文件、实践案例，并进行了详细阐述和解读，尽量做到概念清晰、语言简洁、通俗易懂，将理论性与可读性有机结合。

第三，更具实用性。本书的基本原理和案例都是劳动教育过程中常见的，案例具有代表性，能够从中反映出劳动教育安全管理中存在的问题。

第四，学科视角广，内容丰富。本书涉及的概念、基本原理等覆盖教育学、管理学、社会学、法律等多个学科，通过多学科视角的阐释，内容更具有深度与广度。在编写体例上，每一章的开篇都有本章导读、学习目标及思维导图，对本章内容做简要说明，使读者对本章内容有初步的了解，同时按照了解—熟悉—掌握的程度明确学习的要求，使学习过程更具有针对性。此外，每一章后配有思考题，便于读者深入理解学习内容，检验学习效果，巩固学习成果。

石连海

2023 年 6 月

目 录
CONTENTS

第 1 章　劳动教育安全管理概述 ·· 1
第 1 节　劳动教育安全管理的内涵 ·· 3
第 2 节　劳动教育安全事故的类型 ·· 10
第 3 节　劳动教育安全管理的特点 ·· 14
第 4 节　劳动教育安全管理的基本原则 ···································· 17
第 5 节　学习劳动教育安全管理的意义 ···································· 22

第 2 章　劳动教育安全管理主体与责任 ································ 25
第 1 节　政　府 ·· 27
第 2 节　学　校 ·· 32
第 3 节　社　会 ·· 42
第 4 节　家　庭 ·· 48
第 5 节　实践基地 ·· 54
第 6 节　各级各类劳动教育安全管理主体之间的联系 ················ 58

第 3 章　劳动教育安全管理内容 ·· 67
第 1 节　劳动教育安全教育对象与方式 ···································· 69
第 2 节　劳动教育安全风险 ·· 75
第 3 节　劳动教育过程安全防范 ··· 92
第 4 节　劳动教育安全事故处理 ··· 105

第 4 章　劳动教育安全事故救济 ... 117
第 1 节　劳动教育安全事故 ... 119
第 2 节　劳动教育安全事故引发的争议 ... 127
第 3 节　劳动教育安全事故引发的责任 ... 132
第 4 节　劳动教育安全事故救济 ... 140
第 5 节　劳动教育安全事故救济的展望 ... 143

第 5 章　劳动教育安全管理相关法律政策解读 ... 149
第 1 节　《中华人民共和国宪法》相关内容解读 ... 151
第 2 节　《中华人民共和国民法典》相关内容解读 ... 154
第 3 节　《中华人民共和国劳动法》相关内容解读 ... 159
第 4 节　《中华人民共和国劳动合同法》相关内容解读 ... 163
第 5 节　《中华人民共和国教育法》相关内容解读 ... 168
第 6 节　《中华人民共和国职业教育法》相关内容解读 ... 173
第 7 节　《中华人民共和国教师法》相关内容解读 ... 180
第 8 节　《中华人民共和国未成年人保护法》相关内容解读 ... 185
第 9 节　相关重要政策解读 ... 190

参考文献 ... 201

第 1 章
劳动教育安全管理概述

本章导读

本章首先阐明了劳动教育安全和劳动教育安全管理的内涵,分析了当下劳动教育安全管理的状况,并指明了今后劳动教育安全管理工作的重点;接着介绍了劳动教育安全事故的类型,并论述了劳动教育安全管理的特点;然后探讨了劳动教育安全管理的原则;最后分析了学习劳动教育安全管理的意义。

▎学习目标 ▎

　　了解劳动教育安全和劳动教育安全管理的内涵，以及学习劳动教育安全管理的意义；熟悉劳动教育安全管理的现状，以及劳动教育安全事故的类型；掌握劳动教育安全管理的程序和基本特征，以及劳动教育安全管理的基本原则。

▎思维导图 ▎

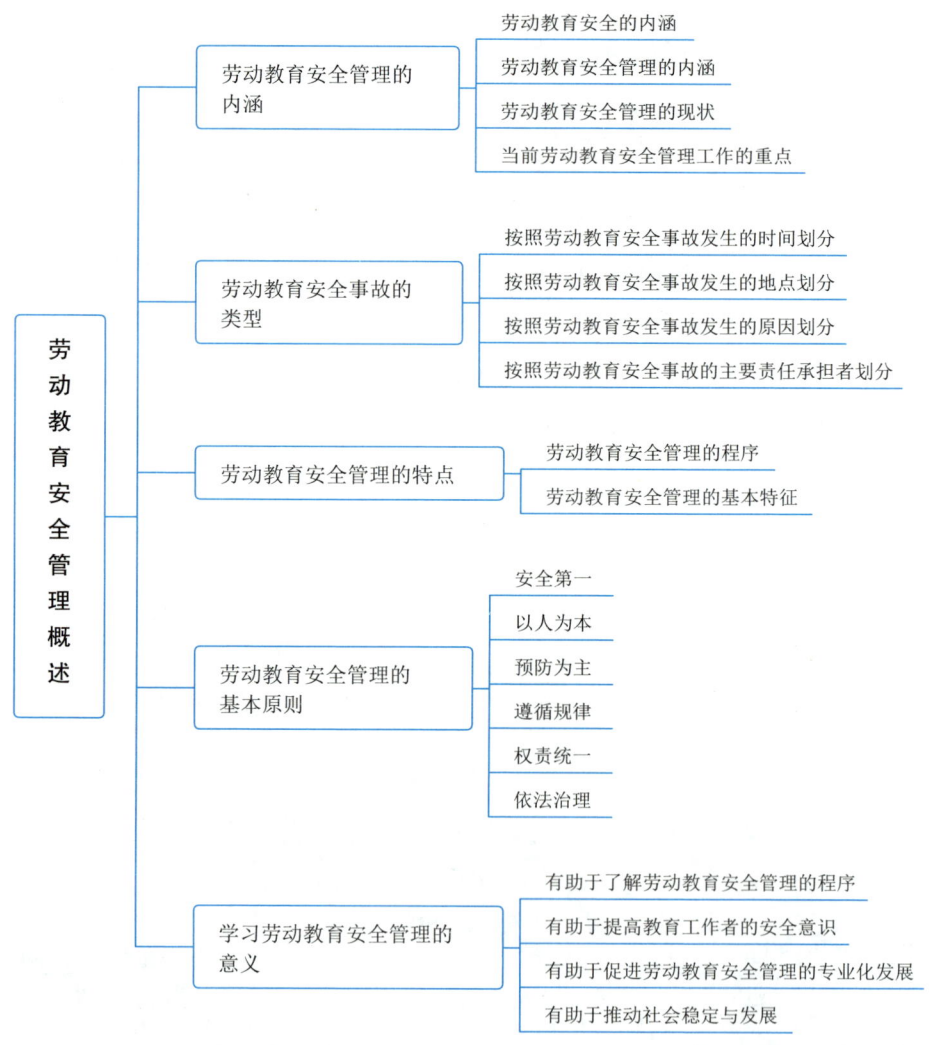

第1章 劳动教育安全管理概述

第1节 劳动教育安全管理的内涵

劳动教育安全管理的目的在于保障劳动教育安全开展，它既是劳动教育的起点，又是劳动教育的立足点。通过安全管理有效机制来规范劳动教育中的安全工作，规范教育者和受教育者在劳动教育过程中的安全行为，确保劳动教育有序开展，保障学生和教师的生命安全和财产安全，实现劳动教育的根本目的。

一、劳动教育安全的内涵

（一）劳动教育

图 1-1　劳动标语景观

劳动教育是新时代党对教育的新要求，是中国特色社会主义教育制度的重要内容，是全面发展教育体系的重要组成部分，是大中小学必须开展的教育活动，具有独特的育人价值，直接决定社会主义建设者和接班人的劳动精神面貌、劳动价值取向和劳动技能水平。实施劳动教育的重点在于，在系的文化知识学习之外，有目的、有计划地组织学生参加日常生活劳动、生产劳动和服务性劳动，通过让学生动手实践、出力流汗，接受锻炼、磨炼意志，培养学生必备的劳动能力和积极的劳动精神，帮助其树立正确的劳动价值观，养成良好的劳动习惯和品质，成为合格的社会主义建设者和接班人。

（二）劳动教育安全

"无危则安，无损则全"。所谓安全，通常指没有受到威胁以及没有危险、危害和损失，是人类与生存环境和谐相处，互相不伤害，不存在危险、危害的隐患，是免除了不可接受的损害风险的状态。安全是在人类生产过程中，将系统的运行状态对人类的生命、财产、环境可能产生的损害控制在人类能接受水平以下的状态。在劳动教育领域中，劳动教育安全则指在由学校组织的校内劳动教育教学活动或者学校组织的劳动教育相关的校外实践活动中，保护劳动教育各相关主体的生命、财产等的安全不受威胁和损害。

其中，人的安全指学生和教职工在学校组织的校内外日常生活劳动、生产劳动和服务性劳动各劳动教育环节中的生命安全。保护学生生命安全是劳动教育安全工作的首要任务，不论何时，学生生命安全保护都应处于劳动教育安全工作的首要位置。财产安全指在学校组织的日常生活劳动、生产劳动和服务性劳动等劳动教育中，通过建立财产管理制度、保管制度等完善的制度体系，做好对劳动教育场所、所使用的教具等公共物品和师生员工的个人财产的管理和保护工作，确保财产在劳动教育公共场合不受损害，以保证劳动教育的顺利开展。劳动教育中的财产安全是劳动教育目标实现和青少年健康成长必不可少的物质保障。劳动教育中的环境安全指劳动教育活动所处的整体环境是安全的，不存在威胁劳动教育各相关主体生命和财产安全等相关权益的因素。

二、劳动教育安全管理的内涵

（一）劳动教育安全管理的界定

"管理"一词在《牛津英语词典》中被定义为"通过自己的行动引导、控制事务的过程""照料或照看"。《韦伯斯特词典》对其做了更全面的解释，

"管理的行动或艺术""引导或监督商业一类的事务,特别是指商业活动项目中的计划、组织、协调、指导、控制等执行功能,以对结果负责"。管理学中对管理的界定为"管理者在组织中利用组织的资源以实现组织的目标"[①]。以上对管理的界定大同小异,都强调结果导向,强调有计划、有组织的引导、控制。因此,劳动教育安全管理则指为实现劳动教育安全的目标,劳动教育相关管理者有组织、有计划地对学校发起并组织的劳动教育中的人、物和环境进行引导、协调、控制,把劳动教育各环节中对人、物的威胁或损害风险降低到最低并保持在可接受水平以下的过程。

从定义来看,劳动教育安全管理涉及几大关键要素:管理目标、管理者、管理对象、管理范围。劳动教育安全管理依靠明确的管理目标,通过有效的管理,实现劳动教育过程中保障劳动教育各相关主体,尤其是学生的安全的目标。劳动教育安全管理依靠劳动教育的相关管理者。劳动教育安全管理主要针对人、物和环境开展。劳动教育安全管理的范围主要为学校组织的校内以及部分校外劳动教育活动,包括在劳动教育基地和学生家庭中开展的劳动教育安全管理。

(二)劳动教育安全管理的内容

劳动教育安全管理的具体环节包括确定劳动教育安全管理的对象与管理方式,开展劳动教育之前进行劳动教育安全风险评估,对劳动教育环境开展安全管理,做好劳动教育过程中的安全防控,对发生的劳动教育安全事故进行妥善处置。综合来看,劳动教育安全管理的具体内容即为对人、物和环境的安全管理。

在人—物—环境构成的劳动教育安全管理体系中,作为主体的人始终占据支配地位,发挥着主导作用。鉴于先天素质和后天环境及教育的双重影响,人们在安全意识和技能等方面存在一定差异。同时,由于人是有情感的动物,在思想、意志和情感等方面容易受到外界各种因素的干扰,这些有时会给人们带来某些安全隐患。因此,必须对劳动教育主体进行管理。在劳动教育过程中,对人的安全管理主要涉及安全的思想观念和安全技能两方面,管理者

---

① 吴志宏.教育管理学[M].北京:人民教育出版社,2006:4.

通过制定明确的劳动教育技能操作规范，规定劳动教育过程中各主体的安全职责，督促并引导其养成规范化的安全劳动习惯和行为，或者通过严格的规范或命令强制劳动教育各相关主体遵守安全开展劳动教育的明文要求，以便消除或削弱因个人原因导致的不安全威胁，确保安全开展劳动教育。

在劳动教育过程中，"物"处于被支配和控制的地位，它是包括劳动工具、设施设备以及其他所属物质的总称。当这些物质不利于操作者的操作或威胁操作安全时，就会导致不安全状态出现在劳动教育中。针对物质开展的安全管理，主要途径是辨别、识别、评价劳动教育各环节中涉及的物质安全风险，及时采取有效的安全防护措施对其进行防控或者将其直接消除。

图 1-2　部分劳动工具

劳动教育在由特定的自然环境和社会环境所构成的整体环境下展开。在这一环境下，劳动教育主体、劳动教育所需物资与环境相互联系，并受到环境的影响，这一影响亦会对劳动教育主体的安全产生影响。为保障劳动教育主体的安全，需要对劳动教育环境进行安全管理，通过多种有效方法营造安全的环境氛围，确保劳动教育全程的安全。

劳动教育安全管理中对人、物和环境的管理是一个复杂的工程，三个部分既相互独立又相互支撑，其管理需要多方协同配合，综合运用多学科知识共同构建劳动教育安全体系。

三、劳动教育安全管理的现状

自党的十八大以来，国家不断重视劳动教育，强调培养德智体美劳全面发展的社会主义建设者和接班人，办好人民满意的教育，劳动教育安全管理也因此受到关注。2020年，国家相继出台了《中共中央 国务院关于全面加强新时代大中小学劳动教育的意见》和《大中小学劳动教育指导纲要（试行）》政策文件，为劳动教育和劳动教育安全管理提供了一定的指导。2020年3月20日颁布的《中共中央 国务院关于全面加强新时代大中小学劳动教育的意见》明确了劳动教育的基本内涵、目标、内容要求等，并提出"多方面强化安全保障。各地区要建立政府负责、社会协同、有关部门共同参与的安全管控机制"，"各学校要加强对师生的劳动安全教育，强化劳动风险意识，建立健全安全教育与管理并重的劳动安全保障体系"。[①] 2020年7月7日教育部颁布的《大中小学劳动教育指导纲要（试行）》进一步明确了劳动教育性质和基本理念、不同学段的内容和教育途径、评价、条件保障等，针对劳动教育安全提出，要注重劳动安全风险防范与管理，"学校要把劳动安全教育与管理作为组织实施的必要内容，强化劳动安全意识，建立健全安全教育与管理并重的劳动安全保障体系"[②]。政策文件中对劳动教育安全管理都相应地提出了专业性的指导，也说明了劳动教育安全保障的必要性。

但是，当前劳动教育安全管理存在诸多问题：缺乏强有力的专门的劳动教育安全法律法规保障，劳动教育安全事故处理的依据主要是中央立法和司法解释，地方

---

① 中共中央 国务院.中共中央 国务院 关于全面加强新时代大中小学劳动教育的意见［EB/OL］.（2020-03-26）［2022-11-06］.http：//www.gov.cn/zhengce/2020-03/26/content_5495977.htm.

② 教育部.教育部关于印发《大中小学劳动教育指导纲要（试行）》的通知［EB/OL］.（2020-07-09）［2022-11-06］.http：//www.moe.gov.cn/srcsite/A26/jcj_kcjcgh/202007/t20200715_472808.html.

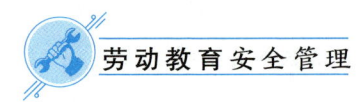

性法规条文少且内容较泛化；劳动教育安全管理实践中存在管理非专业化问题，师资力量不足，管理的专业化程度尚待提高；劳动教育安全管理教育和培训有待加强；尚未建立起政府、学校、家庭、社会等多元主体协同保障学校劳动教育安全的管理机制。

四、当前劳动教育安全管理工作的重点

（一）完善劳动教育安全管理工作的制度

鉴于目前劳动教育安全管理工作缺乏相应的法律法规等制度规范的指导，国家应尽快建立健全自上而下、体系完善的法律体系，国家层面起草关于劳动教育安全管理的法律、行政法规等，地方层面根据国家上位法制定具有地方特色的、有较强可操作性的劳动教育安全管理的地方性法规、自治条例等，对劳动教育安全管理工作加以引领和规划。同时，在各级各类学校内部，也应健全有关劳动教育安全管理的各种规章制度，包括劳动安全隐患排查制度、劳动教育设施设备管理制度、劳动安全应急预案制度、劳动教育安全责任追究制度、劳动教育安全管理奖惩制度，切实推动、督促劳动教育安全管理制度落实，保障学生在劳动教育全过程中的安全。

拓展阅读1-1

××学校学生劳动安全管理制度

为了顺利开展学校的劳动教学工作，培养学生的劳动观点，保证学生在劳动过程中的人身安全，特制定学生劳动安全制度。

1. 劳动是教育大纲规定的，学生必修的课程之一。参加学校的劳动，完成老师交给的劳动任务，是每个学生的职责和义务。每个学生必须明确劳动的意义，加强对劳动课程必要性的认识。

2. 学生参加劳动、完成劳动任务时，必须严格按照教师的要求和学校的规章进行，不用湿布揩电器和电源插座，不得用身体任何部位接触电源及可能带电的电器，不得爬到窗外擦玻璃，不得爬到栏杆、窗台上搞卫

生，不得站在课桌上搞卫生，确有特殊需要，要征得老师同意，同时要在有切实安全的防护措施下才能进行，但亦要小心从事。

3. 在劳动过程中，需要劳动工具的，则使用前必须认真检查工具的可靠性，并按规定安全使用劳动工具，对劳动工具不得挪作他用。

4. 自己完成劳动任务时，不得影响他人的卫生与休息等，不得对他人造成损害。

5. 在劳动过程中，出现不清楚的问题，必须及时询问有关教师。

6. 对劳动中可能出现的安全问题，学生要及时向教师说明，对已出现的安全问题，学生要及时向教师报告。

7. 在自己的能力范围内不能完成的劳动任务，学生有权向教师说明。教师在考虑学生的实际能力后，酌情减少其劳动量或减免其任务。

（二）健全劳动教育安全管理的组织

目前，各级各类学校中普遍缺乏专门负责劳动教育安全管理工作的组织，导致组织空白、管理脱节。为切实保证劳动教育安全，应建立健全系统、完善的劳动教育安全管理组织。首先，在各级教育行政部门中，设置专门的劳动教育安全管理机构，专门负责统一指挥、协调劳动教育安全管理工作。其次，在学校中，也需要设置专门的部门，由专业机构或专人负责具体的劳动教育安全管理工作，坚持责任到人，内部机构或成员及时沟通协调，确保安全管理的有效性。在学生人数较多、规模较大的学校，应当设置劳动教育安全管理处，由校长负责统一领导管理，分级管控。在学生人数较少、规模相对较小的学校，则设置专人专项具体负责劳动教育安全管理工作，保障学生在校内校外劳动教育活动中的安全。再者，建立政、家、校、社协同管理机构，明确政府、家庭、学校、社会各自管理范围和职责，相互配合与支持，共同保障学生劳动教育中的人身和财产安全。

（三）加强劳动教育安全管理工作的培训

针对目前劳动教育安全管理相关责任主体管理非专业化，缺乏相关安全管理工作知识的现状，应该加强面向政府、学校、家庭、社会相关责任主体的专业教育和培训，针对不同责任主体提供相应的、适合的教育和培训，定期培训和非定期培训相结合，理论培训和实践培训相结合。在学校日常教育教学工作中，也应强化融合劳动教育安全的理念和知识教育，以潜移默化的方式增强学生的安全意识，帮助学生掌握全面、系统、实用的安全防护知识。与此相适应，加强学校劳动教育安全管理培训的教材建设和师资培养工作也是一项迫在眉睫的重要任务。

（四）保证劳动教育安全管理工作的经费投入

劳动教育安全管理工作的开展需要经费投入提供支持，足够的安全管理经费投入，是劳动教育安全管理有效的强力保障。因此，在教育资金普遍紧张的情况下，应该想方设法地确保劳动教育安全管理工作的经费支持。教育部门应提供劳动教育安全管理专项经费，同时，推动经费多渠道筹集，鼓励吸纳社会资金，保障经费投入的充足，使得威胁学生安全的劳动教育工具、设备、环境得到及时维护和改造，使安全管理工作所需的防控硬件设施设备得以及时落实。

第2节 劳动教育安全事故的类型

为深入贯彻落实习近平总书记关于劳动教育的重要论述，全面贯彻党的教育方针，落实《中共中央 国务院关于全面加强新时代大中小学劳动教育的意见》，加快构建德智体美劳全面培养的教育体系，教育部专门制定《大中小学劳动教育指导纲要（试行）》，为大中小学广泛开展劳动教育提供理论指导和实践方向。在劳动教育中，由于多方面因素的制约，不可避免地会出现安全事故。基于不同维度，劳动教育安全事故可划分为不同类型。

一、按照劳动教育安全事故发生的时间划分

在劳动教育过程中，劳动安全事故发生的时间不一。按照事故发生的具

体时间，可细分为劳动教育前的安全事故、劳动教育过程中的安全事故以及劳动教育后的安全事故。时间节点的划分以学校劳动教育活动时间为准。劳动教育前的安全事故是指在学校劳动教育活动尚未正式开始之前，学生处于为劳动教育做准备的阶段或者正在奔赴参加劳动教育的路途中等，在这些时间点所发生的劳动安全事故均属于劳动教育前的安全事故范畴。劳动教育中的安全事故则是指自学生参加学校组织的劳动教育活动开始，直至劳动教育活动结束，在这一连续的劳动教育期间所发生的任何劳动安全事故。例如，学生在打扫卫生结束后拿着扫帚回教室途中不小心被扫帚绊倒而摔伤，由于学生将劳动工具带回教室的行为表明学生的劳动行为尚未结束，故这一事故归属于劳动教育过程中的安全事故。劳动教育后的安全事故指在学校组织的劳动教育活动结束后，由于诸多因素的作用导致学生发生的安全事故。学校中比较常见的安全事故多发生在学生之间的嬉笑打闹中。

二、按照劳动教育安全事故发生的地点划分

劳动教育包括在学校内部组织的劳动教育教学活动和学校组织的校外劳动教育教学和实践活动，故劳动教育安全事故发生的地点涵盖校内和校外两种情形。按照劳动教育安全事故发生的地点，可分为校内劳动教育安全事故和校外劳动教育安全事故。校内劳动教育安全事故是指在学校内部组织的劳动教育教学活动或实践操作中，由于教师教育、指导不当或学生操作失误等情况导致的劳动安全事故。校外劳动教育安全事故则为在学校组织的校外劳动教育教学活动或劳动实践活动中，由于各种原因导致的劳动安全事故。

三、按照劳动教育安全事故发生的原因划分

劳动教育的复杂性决定着劳动教育安全事故发生原因的复杂性，具体划分为劳动教育事故、劳动设施设备事故、劳动环境事故以及劳动管理事故。

劳动教育事故是指劳动教育教师或班主任在劳动教育教学活动和实践活动中尚未履行或未彻底履行在劳动教育中对学生应尽的劳动安全教育、提醒和保护职责，从而导致学生缺乏良好的劳动安全意识，进而展开威胁自身生

命和财产的具有劳动风险的劳动行为，最终导致发生劳动安全事故。劳动设施设备事故是指学生使用学校或劳动教育基地中不符合规定的教学设施设备、劳动工具，或者不当使用劳动工具而造成其人身或财产安全受到危害。劳动环境事故是指由于外在的天气等自然因素，致使劳动教育所处的环境面临安全隐患，进而导致学生生命或财产安全受到损失的事故。劳动管理事故则是指在劳动教育活动中，由于学校领导以及劳动教育教师或班主任未履行或未彻底履行对参加劳动教育的学生的安全教育、监管和保护的职责，且未在可预见的范围内采取必要的安全防范和保护措施，导致学生在接受校内外劳动教育的过程中人身和财产安全受到威胁或损害。

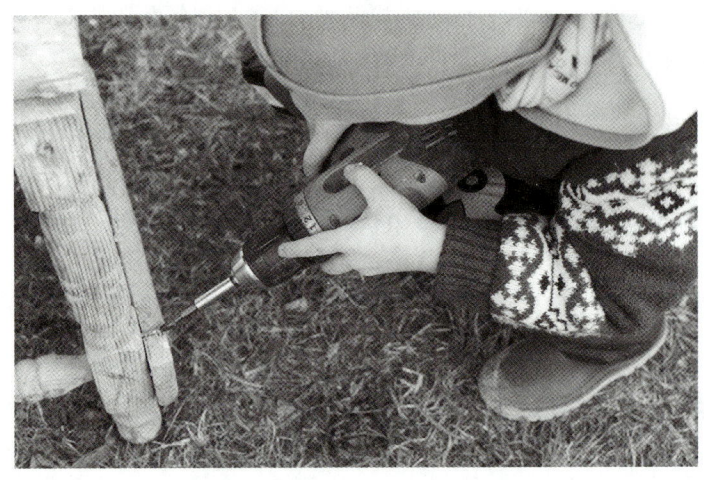

图1-3　学生在劳动过程中使用与年龄不符的工具

四、按照劳动教育安全事故的主要责任承担者划分

安全事故发生后导致的生命和财产损失需要由事故主要责任者承担。按照劳动教育安全事故的主要责任承担者划分，可分为校方责任的劳动教育安全事故、学生（未成年人由其监护人承担）责任的劳动教育安全事故、第三方责任的劳动教育安全事故以及多方共同承担责任的劳动教育安全事故。事故承担者的主要责任标准是指一方或者一方以上责任者承担赔偿责任比例的平均值以上的责任，例如案例中存在四方责任承担者，则由超过平均值25%

的责任方来承担主要赔偿责任。[①] 校方、学生和多方责任的劳动教育安全事故根据事故承担的主要责任标准来确定。第三方责任的劳动教育安全事故是指在校方责任和学生责任劳动教育安全事故中，因学校投保了校（园）方责任保险或学生自愿购买了意外伤害险，从而分别减轻了学校和学生（监护人）经济责任的劳动安全事故。

案例 1-1

某学校组织学生扫雪，学生陈某在活动中不慎将双手冻伤，左手较轻，右手严重。陈某由父母带去医院检查治疗，经诊断右手冻伤二度。事发后，校方拒绝赔偿。陈某父母为此起诉学校，请求依法判决。

学校辩称，学校组织学生扫雪属于劳动教育内容，是正常的教育教学活动。学生手冻伤是否全部由于扫雪导致缺乏充分的证据证明，且诉讼请求中所列费用还需进一步加以核实。根据双方陈述和经审查确认的证据，法院认定事实如下：陈某在学校组织学生扫雪过程中双手被冻伤。陈某冻伤后在其父母的陪同下到医院检查治疗，诊断为：腕和手浅表冻伤；冻伤二度（右手）。

依照《民法典》第一千一百七十九条，《最高人民法院关于审理人身损害赔偿案件适用法律若干问题的解释》第十九条、第二十一条、第二十二条、第二十三条，《最高人民法院关于适用〈中华人民共和国民事诉讼法〉的解释》第九十条，及《中华人民共和国民事诉讼法》第一百四十四条之规定，法院最终判决学校赔偿陈某全部医疗费、陪护费、伙食补助费、交通费、住宿费。

法院认为，"公民享有生命健康权，行为人因过错侵害他人民事权益，应当依法承担侵权责任"，"限制民事行为能力人在学校或者其他教育机构学习、生活期间受到人身损害，学校或者其他教育机构未尽到教育、管理职责的，应当承担责任"。该案例中学校在组织学生开展校内活动时未履行其管理义务，致使学生在集体活动中受伤，故应当对陈某的合理损失承担相应赔偿责任。

---

① 张晗. 小学劳动教育安全保障问题及对策研究 [D]. 贵阳：贵州师范大学教育学院，2022.

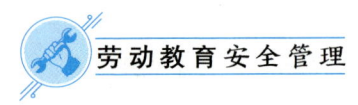 劳动教育安全管理

第3节 劳动教育安全管理的特点

劳动教育安全管理是保障学生身心安全的重要举措,也是劳动教育中必不可少的环节,由一系列有序的程序构成。劳动教育本身的复杂性和劳动教育对象的特殊性,决定着劳动教育安全管理有其独有的特征,管理主体之间协同合作,管理环节环环相扣,管理对象和管理环境复杂多元。

一、劳动教育安全管理的程序

劳动教育安全管理是一个系统有序的过程,由预测与评估安全风险、确定安全管理目标、制定实现安全管理目标的方案、实施安全管理方案、监测与反馈安全管理方案实施效果、调整安全管理方案几大环节构成,这些环节前后相扣,形成循环往复的有效管理体系。

(一)预测与评估安全风险

任何活动都存在风险和隐患,劳动教育亦不例外。在劳动教育活动开始之前,学校管理层应率先组织相关专业人员对计划组织的劳动教育教学活动或实践活动预先进行风险评估,针对风险等级评估结果确定劳动教育活动是否按计划展开,并针对潜在风险制定风险预案。

(二)确定安全管理目标

明确的安全管理目标有利于安全管理工作有效展开,因此,确定安全管理目标是任务推行的首要工作。安全管理目标的确定应综合考虑多方意见和建议,保证目标清晰明了。具体而言,应由教育行政部门相关人员、学校管理层、劳动教育教师、家长、劳动实践基地负责人、校外专业人士等组成劳动教育安全管理委员会,共同探讨确定不同学段劳动教育安全管理的具体目标,保证安全管理具有针对性。

（三）制定实现安全管理目标的方案

劳动教育安全管理目标是安全管理的方向指导，具体安全管理工作的开展则需要更加细致的操作步骤。我们需要根据确定的劳动教育安全管理目标，制定详略得当、涵盖全程、具有操作性的、人性化的劳动教育安全管理方案，明确不同学段劳动教育安全管理的对象、内容、方式方法和责任承担者。

（四）实施安全管理方案

方案制定的目的在于实施，且最终通过实施展现其生命力，达成预期目标。实施方案的手段具有多样性，可通过运用行政命令、激励等方法，推动劳动教育安全管理方案在学校内部、劳动教育实践基地等劳动教育场域落地施行，确保安全管理贯穿劳动教育全过程。

（五）监测并反馈安全管理方案实施效果

理想和现实之间总是存在差距，劳动教育安全管理方案是理想化的结果，具体方案落实的结果如何则受到现实各方面因素的制约和影响。因此，在劳动教育安全管理方案的实施过程中，应做好实施方案的监测工作。要及时、有效、多渠道地收集有关方案落实的实际成效信息，并向管理层及时反馈，以便其能及时调整劳动教育安全管理方案，确保安全管理工作的适切性。

（六）调整安全管理方案

管理层在收集到方案实施效果后，对标预期目标，可以发现劳动教育安全管理方案存在的漏洞和不足，及时修正并充实方案内容。方案修正完成后继续在劳动教育过程中应用，如此循环往复，最终实现保障学生在劳动教育中的安全的目标。

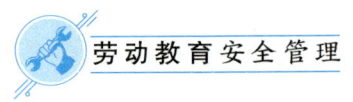

二、劳动教育安全管理的基本特征

（一）管理主体的协同性

劳动教育既不是由学校单独组织的教育教学和实践活动，也不是由家庭或校外实践基地自行组织并负责的活动，而是在学校有目的、有计划的组织下，由校内和校外机构共同承担和推动的。因此，劳动教育安全管理也需要校内劳动教育主体和校外劳动教育主体一同负责，学校、教师、家长、劳动教育基地、政府等多个组织或机构协同合作，做好安全管理防控方案和事故处理预案工作，充分利用并调动各方资源，将劳动教育安全事故发生的概率降到最低，有效保障学生在劳动教育中的人身和财产安全。

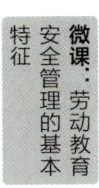

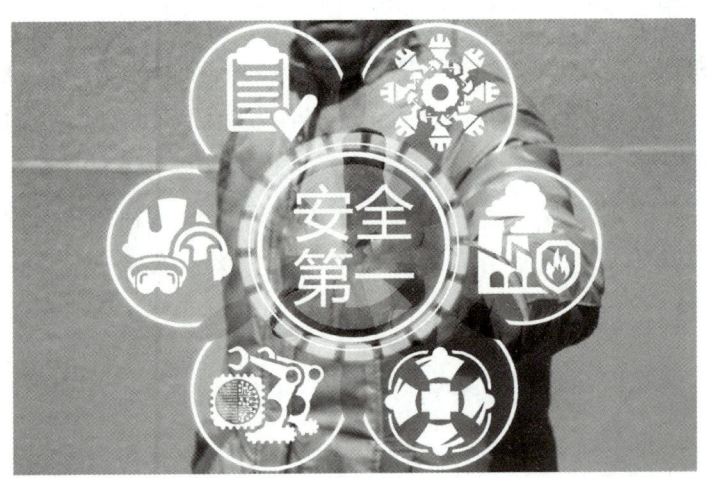

图1-4　学校与校外机构协同合作保障劳动教育中"安全第一"

（二）管理环节的系统性

劳动教育活动不是一蹴而就的，其由完整的系列环节构成，涉及劳动教育开始前的准备工作、劳动教育过程中的教育教学和实践活动以及劳动教育

第1章　劳动教育安全管理概述

结束后的整理工作。在劳动教育的全部环节中都需要做好安全管理工作，劳动教育教师、班主任等相关管理人员，需要针对劳动教育的全过程做好管理工作，管理工作一般包括计划、组织、指挥、协调、控制五大步骤。具体管理内容则涵盖劳动教育开始前的安全风险评估，劳动教育过程中的环境安全管理以及安全防控，劳动教育过程中发生安全事故后的处置等方面，管理内容除了对人的管理，还需要做好对物的管理和对环境的管理。通过对劳动教育进行全过程、全方位的安全管理工作，确保学生在劳动教育中所受的安全危害最小。

（三）管理过程的复杂性

劳动教育安全管理过程的复杂性表现为两大方面，一方面是劳动教育安全管理对象的复杂性，另一方面是劳动教育安全管理环境的复杂性。其中，劳动教育安全管理对象的复杂性是指劳动教育管理的对象范围自小学生至大学生，按照《中华人民共和国民法典》的规定，既涵盖无民事行为能力人，又涉及限制民事行为能力人和完全民事行为能力人。不同年龄阶段的学生其心理发展规律和认知能力存在差异，因而，在开展劳动教育安全管理的过程中需要关注不同性质人群的特点，采取适合的措施以便实现有效管理。劳动教育安全管理环境的复杂性由劳动教育内容的多元性决定。劳动教育的内容包括日常生活劳动、生产劳动和服务性劳动中的知识、技能与价值观，多样化的劳动教育内容使得劳动教育活动范围较为广泛，不仅包括校内，还涉及家庭、社会和劳动教育实践基地，校外丰富的劳动教育环境提高了劳动教育安全管理工作的难度和复杂性。

第4节　劳动教育安全管理的基本原则

劳动教育安全管理并非无章可循，应遵循一定的原则展开。在劳动教育安全管理中要始终坚持安全第一的原则，坚持以人为本，预防为主，遵循学生身心发展规律和教育教学规律，坚持权责统一，做到依法治理。

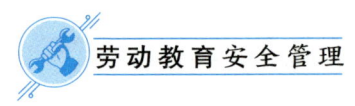

一、安全第一

图 1-5 "安全第一"标识

"安全第一"的原则是指在劳动教育教学工作中,应当将学生的安全工作放在首要位置。当学生的安全工作与其他教育教学工作发生矛盾或者冲突时,要以学生的安全工作为重。这一原则主要体现为以下方面:学校劳动教育安全管理部门和人员的安全措施和方案优先于其他部门的决策;劳动教育安全专用基金划拨应优先于其他费用支出;劳动安全知识教育教学优先于其他教育教学;劳动教育安全检查和考评工作在学校考核工作中应占有重要的权重。劳动教育安全既是劳动教育教学和实践活动的基本目标,同时也是劳动教育教学和实践活动有效开展的基本保障。"安全第一"的原则就是要处理好劳动教育中的安全工作与教育教学的关系,要在保障学校师生人身安全和财产安全的基础之上开展劳动教育教学和实践活动。

二、以人为本

"以人为本"的原则是指在劳动教育安全管理工作中,要将学生和教师的生命安全放在重要位置。具体来说,当人身利益与财产利益发生冲突时,应当以师生的人身利益为重,坚持人身利益高于财产利益的原则。在现代价值观中,对生命的重视高于其他任何利益。人的生命只有一次,即使是高额的财产，也抵不过人的生命以及健康的价值，生命无价。在劳动教育安全管理工作中，要充分认识到人的生命和健康的重要性，这是劳动教育安全管理工作中理应坚持的重要原则。

三、预防为主

"预防为主"的原则是指在劳动教育安全管理工作中，要坚持防患于未然，针对安全隐患提前采取应对管理措施，将事故的种子扼杀在萌芽之中。隐患险于明火，防范胜于救灾，责任重于泰山。实现劳动教育安全最关键，也是最重要的战略之一，就是要从安全隐患着手，在开展劳动教育之前，管理者积极、自觉、主动地制定消除安全隐患的策略。无数事实证明，事前对事故的预防和防范胜过事后被动地采取救护。故而，我们应该通过各种合理、有效的预测方法，从根本上消除安全事故隐患，尽可能地降低劳动教育安全事故发生的可能性。在劳动教育安全管理工作实践中，"预防为主"是保证学生劳动教育中的安全的最根本、最明智、最重要的指导思想。

四、遵循规律

"遵循规律"的原则是指在劳动教育安全管理工作中，应遵循学生身心发展规律和教育教学规律，采取适当措施开展安全管理工作。一方面，要遵循学生身心发展规律传授安全知识和技能。由于劳动教育的对象范围广泛，涵盖大中小学不同领域的学生，不同年龄阶段的学生身心发展特征有所不同，在传授给学生安全知识时需要充分考虑学生认知发展特征，根据其认知接受能力、理解能力因材施教，传授相关安全知识和技能，提高其应对劳动安全风险的能力，使其能够在劳动活动中保护好自身的生命安全。另一方面，在对学生进行劳动教育的安全管理时，要考虑学生身心发展规律，针对不同年龄阶段学生身心特征，采取适当的教育、管理方法，进行有效的管理和引导，帮助学生避免在劳动教育中面临安全风险的危害。

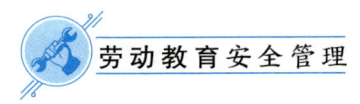

拓展阅读1-2

学生身心发展规律

学生身心发展是有规律的，这些规律是学生在一定年龄阶段身心两方面发展的稳定的、典型的本质特征。

1. 顺序性和阶段性

学生个体的身心发展具有一定的顺序，即由低级到高级，由量变到质变。个体身心发展也有一定的阶段性，它反映了量变与质变的统一。它表现为青少年身心发展的年龄特征，即在发展的不同年龄阶段中身心发展的一般的典型的特征。

个体身心发展的顺序性和阶段性要求教育工作必须适应学生身心发展的各个阶段的顺序，循序渐进，做到由浅入深、由易到难、由具体到抽象、由低级到高级，不能一刀切。同时，由于身心发展各阶段是相互联系的，具有连续性，前一阶段是后一阶段的准备，这就要求考虑各阶段教育的衔接。

2. 稳定性和可变性

个体身心发展的稳定性是指处于一定社会环境的教育中的某个年龄阶段的青少年儿童，其身心发展的顺序、过程、速度大体相同。可变性表现为在不同环境和教育条件下，同一年龄的儿童身心发展水平又有差异。

身心发展的稳定性和可变性要求教育内容、方法保持相对稳定，同时根据时代特征、地域特点、文化特点，不断革新教学内容与方法。

3. 不平衡性

个体身心发展的不平衡性表现在两方面。首先是同一方面的发展速度，在不同年龄阶段的变化是不平衡的。第二个方面是不同方面发展的不平衡性。

个体身心发展的不平衡性要求教师要把握其发展的关键期，不失时机地采取教育措施，使其获得最佳发展。

4. 个别差异性

由于人的发展的主客观条件不一样，其发展的过程与结果也有差异。

个体的差异不仅表现在同一年龄阶段儿童在不同时期的发展速度和水平有个体差异，而且在相同方面的发展速度和水平也有个体差异。

个体身心发展的个别差异性要求教师深入了解每个个体的身心发展状况和水平，有的放矢、因材施教。

五、权责统一

"权责统一"的原则指在劳动教育安全管理工作中，管理者要坚持权利和责任相统一的理念。权利和义务是辩证统一、相辅相成的，没有无权利的义务，也没有无义务的权利，在享有权利的同时必须履行好相应的义务。教师等管理者享有在劳动教育过程中对学生进行安全管理权利的同时，在教育教学过程中也要保证学生的安全。组织开展劳动教育实践之前，劳动教育教师自身要明确实践活动的具体操作，为学生清楚讲解操作要领，避免给学生带来错误示范，履行好告知学生安全风险、安全注意事项，保护学生生命安全的义务。权责统一原则是劳动教育安全管理的基本原则。

六、依法治理

"依法治理"的原则是指在劳动教育安全管理工作中，要坚持依据宪法、法律法规等法律条文展开工作，而非依据个人意志和主张进行治理，要做到有法可依、有法必依、执法必严、违法必究。习近平总书记指出，"人类社会发展的事实证明，依法治理是最可靠、最稳定的治理"。在劳动教育安全管理中，首先，要依法制定治理方案，治理原则和内容不违背法律法规的基本规定；其次，在治理过程严格依据法律法规管理师生，采取合理合法的方式进行教育和引导，维护学生生命安全和财产安全；再次，当出现安全事故和纠纷时，管理者要按照法定程序依法处置，确保程序正当，依照法律规定对被伤害者进行救济；最后，对违反法律规定进行劳动教育安全管理的教师和管理者依法进行惩处。

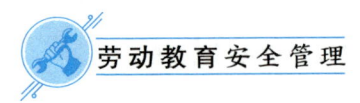
劳动教育安全管理

第5节　学习劳动教育安全管理的意义

近年来，随着我国教育体系建设的不断完善，劳动教育越来越受到关注和重视，加强劳动教育管理，保障劳动教育安全开展，将劳动教育事业发展纳入法治化轨道也显得越来越重要。学习劳动教育安全管理对于了解劳动教育安全管理程序，提高教育工作者的安全意识，促进劳动教育安全管理的专业化发展以及推动社会稳定发展等都具有重要的意义。

一、有助于了解劳动教育安全管理的程序

教育的根本目的是培养人，人是教育的出发点和落脚点。保障受教育者的安全是顺利开展教育的重要前提，无论何时都要坚持安全第一的原则。在劳动教育中亦应首先确保学生的安全，安全管理便成为劳动教育开展的重要环节。为此，教育工作者必须了解并掌握劳动教育安全管理的理论知识和程序，并将理论知识内化于心，落实到劳动教育安全管理实践中，提高管理效率。劳动教育安全管理的程序为预测与评估安全风险、确定安全管理目标、制定实现目标的方案、实施安全管理方案、监测与反馈安全管理方案实施效果、调整安全管理方案。教育工作者通过学习劳动教育安全管理课程，可以提高对劳动教育安全管理的认知，熟练掌握劳动教育安全管理的程序，提高安全管理能力。

二、有助于提高教育工作者的安全意识

所谓安全意识，就是人们头脑中建立起来的生产必须安全的观念，是人们在生产活动中，对各种各样可能对自己或他人造成伤害的外在环境条件的一种戒备和警觉的心理状态。就劳动教育而言，提高安全意识即要在教育工作者头脑中建立起劳动教育必须安全的意识，对各种各样可能对学生和自身

造成人身和财产伤害的威胁保持警惕心理，做好防范措施。提高安全意识和风险意识，增强责任观念，是国家对每个教育工作者的共同要求，在多元复杂的劳动教育环境中，则更为重要。教育工作者要提高安全意识，增强责任观念，就必须了解劳动教育安全管理的理论和知识，将劳动教育安全管理的理论和知识转变为根植于自身头脑的牢固信念，并最终落实到行动上。教育工作者必须认真学习劳动教育安全管理课程，这样才有助于提高安全意识，强化责任担当。

三、有助于促进劳动教育安全管理的专业化发展

管理是指一定组织中的管理者，通过实施计划、组织、领导、协调、控制等职能来协调他人的活动，使别人同自己一起实现既定目标的活动过程。在劳动教育安全管理中，作为管理主体的政府、学校、家庭、社会、实践基地，需要对与劳动教育全程相关的人力、物力、财力、环境等做出有效的计划、组织、指挥、协调、控制，发现并尽可能排除劳动教育中的安全隐患，制定劳动教育安全管理预案，保证人、财、物各尽其用，各得其所，各尽其职，营造安全的劳动教育环境，尽可能降低劳动教育安全事故发生的概率，提高劳动教育成效，且保障受教育者生命和财产安全。但是，目前劳动教育安全管理中尚存在管理主体职责不清、救济不当等管理非专业化的问题，因此，提高劳动教育安全管理工作的专业化程度，增强劳动教育安全管理的广度和深度，还需要管理主体不断加强学习和研究有关劳动教育安全管理的理论知识和实践问题。

四、有助于推动社会稳定与发展

劳动教育安全管理以维护学生生命安全为根本目的，学生群体作为知识传承与发展的主体、社会变革与发展的主要动力源泉，其生命安全不仅关系个体家庭的稳定与幸福，更关系整个社会的稳定与发展。通过劳动教育安全管理可对劳动教育事故做到有效防护，保护学生的人身安全和财产安全，保障家庭幸福美满，进而维系社会稳定和发展。管理主体要想做好劳动教育安

全管理工作，必须掌握劳动教育安全管理程序、安全管理的有关规范以及国家关于劳动教育安全管理的政策法规内容和精神实质，并能在实践中运用且有效落实，在此基础上，不断增强政策观念和责任意识，提高治理效率，增强社会稳定，推动社会发展。

专业词汇

劳动教育安全

劳动教育安全管理

思考与练习

1. 如何理解劳动教育安全管理的内涵？
2. 劳动教育安全管理事故的类型有哪些？
3. 劳动教育安全管理的基本特征包括哪些？
4. 劳动教育安全管理应坚持怎样的基本原则？
5. 学习劳动教育安全管理有何意义？

参考答案

第 2 章
劳动教育安全管理主体与责任

本章导读

本章主要阐明了劳动教育安全管理主体政府、学校、社会、家庭以及社会实践基地的主体责任、主要职能部门及其责任,以及它们在劳动教育安全管理事故中应承担的法律责任;最后主要分析了各级各类劳动教育安全管理主体之间的联系。

学习目标

了解政府、学校、社会、家庭以及社会实践基地的主体责任和其主要职能部门的责任,熟悉各主体在劳动教育安全管理中的责任划分和主要职能,掌握各主体在具体劳动教育安全事故中的法律责任划分方式,明确各级各类劳动教育安全管理主体之间的联系。

思维导图

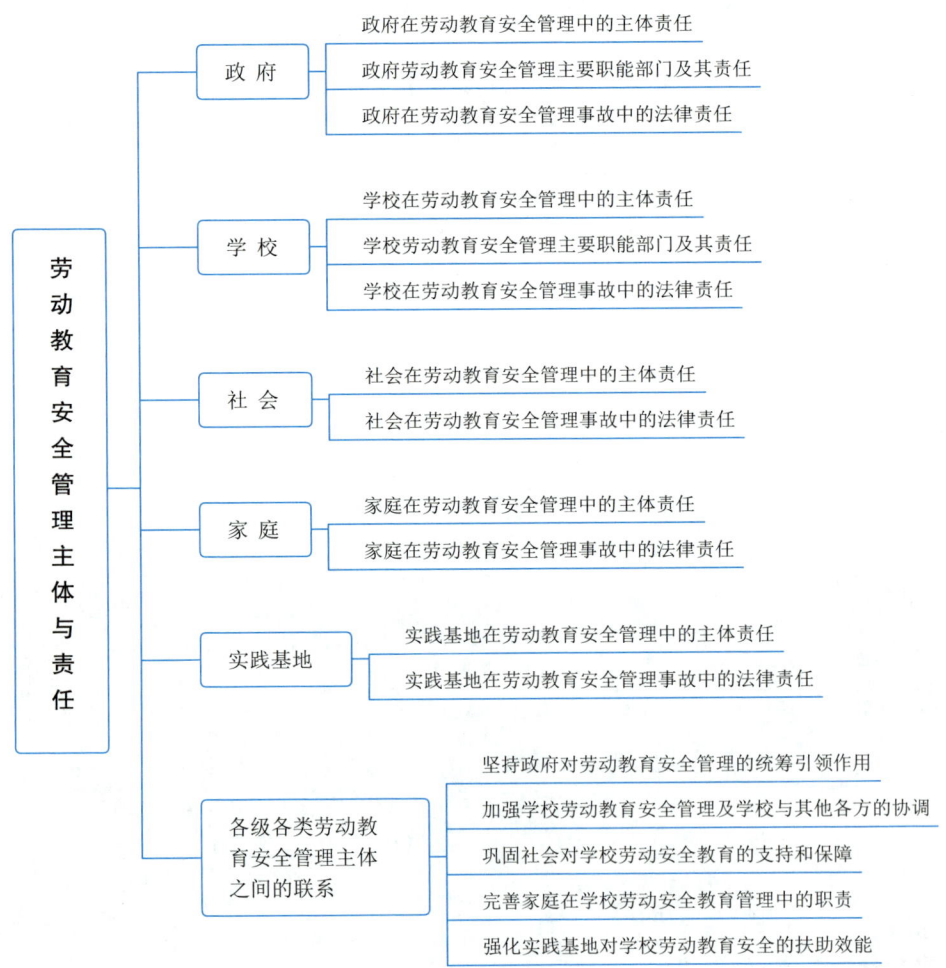

第2章 劳动教育安全管理主体与责任

第1节 政府

劳动教育安全管理是学校开展劳动教育的重要基础，也是学校有效开展劳动教育的重要保障。在维护劳动教育安全管理的各主体中，政府责任居于首要地位，在劳动教育安全管理中负有组织领导、监督检查等各项主要职责。

根据《中华人民共和国义务教育法》第二十三条规定："各级人民政府及其有关部门依法维护学校周边秩序，保护学生、教师、学校的合法权益，为学校提供安全保障。"该规定明确了政府有关部门对学校安全的职责主要是指管理职责和保护师生安全的职责。《中华人民共和国义务教育法》第五十二条规定，县级以上地方人民政府未定期对学校校舍安全进行检查，并及时维修、改造的，学校建设不符合国家规定的办学标准、选址要求和建设标准的，由上级人民政府责令限期改正；情节严重的，对直接负责的主管人员和其他直接责任人员依法给予行政处分。《中华人民共和国义务教育法》颁布后，教育部、公安部等十个部门联合发布了《中小学幼儿园安全管理办法》，其作为贯彻落实《中华人民共和国义务教育法》关于安全规定的配套规章，更加详细地明确了政府有关部门的学校安全管理职责。政府在校园安全事件中承担责任成为依法治国的必然，各级人民政府及其有关部门必须全面履行学校安全管理职责。政府作为公共权力的行使者、公共利益的执行者和维护者，应顺应社会公众的需求，加强政府在学校劳动教育中的安全管理，凸显其在维护校园劳动教育安全中的责任。

一、政府在劳动教育安全管理中的主体责任

政府责任是指政府在与人民这种委托与被委托关系中，政府组织及其公职人员履行其在整个社会中的职能和义务，即法律和社会所要求的义务，同

时还应该包括政府对其职责和公共利益的体认，即其自身行政能力的发展、对公共利益的忠诚度和热衷度。①在学校劳动教育安全管理中，政府责任主要体现在四个方面，即组织领导的职责，督导检查的职责，宣传引导的职责和强化保障的职责。

（一）组织领导的职责

在《中共中央 国务院关于全面加强新时代大中小学劳动教育的意见》中明确指出："在党委统一领导下，各级政府要把劳动教育摆上重要议事日程，出台相关政策措施，切实解决劳动教育实施过程中的重大问题，做好督促落实。省级政府要加强劳动教育工作的统筹协调，明确市地级、县级政府及有关部门加强劳动教育的职责，推动建立全面实施劳动教育的长效机制。"加强政府统筹，建立劳动教育实践场所开放共享机制。各级政府应充分利用社会资源，建立政府统筹规划、评估认定、奖补支持中小学劳动教育实践基地的机制，明确应面向当地中小学校开放适合的劳动教育场所，鼓励社会资本投资建设、运营劳动教育实践基地，提供多样化的劳动教育资源。

（二）督导检查的职责

2021年2月1日，国务院发布实施《政府督查工作条例》，对政府督查工作做出明确要求。政府督查是推动党中央、国务院决策部署贯彻落实的重要手段，是健全行政监督制度的重要内容，对保障政令畅通、提高行政效能、促进政府全面依法履职、推进国家治理体系和治理能力现代化具有重要意义。②《中共中央 国务院关于全面加强新时代大中小学劳动教育的意见》规定：在学校劳动教育实施过程中，要将劳动教育纳入教育督导体系，完善督导办法。对地方各级政府和有关部门保障劳动教育情况以及学校组织实施劳动教育情况进行督导，督导结果向社会公开，同时作为衡量区域教育质量和水平

---

① 姚平.浅谈政府在学校安全管理中的责任：从五起校园砍杀事件引发的思考［J］.基础教育研究，2011（03）：13-15.
② 政府督查如何执行［J］.实践（党的教育版），2021（02）：61.

第 2 章　劳动教育安全管理主体与责任

的重要指标，作为对被督导部门和学校及其主要负责人考核奖惩的依据。开展劳动教育质量监测，强化反馈和指导。

（三）宣传引导的职责

政府要积极引导家长树立正确劳动观念，支持、配合学校开展劳动教育。加强劳动教育科学研究，宣传推广劳动教育典型经验。积极宣传企事业单位和社会机构提供劳动教育服务的先进事迹，让学生了解劳动教育中蕴藏的劳动精神。注重挖掘在抗疫救灾等重大事件中涌现出来的典型人物和事迹，大力宣传不畏艰难、百折不挠、敢于担当的高尚品格。鼓励和支持创作更多以歌颂普通劳动者为主题的优秀作品，大力宣传辛勤劳动、诚实劳动、创造性劳动的典型人物和事迹，弘扬劳动光荣、创造伟大的主旋律，旗帜鲜明地反对一切不劳而获、贪图享乐、崇尚暴富的错误观念，营造全社会关心和支持学校劳动教育的良好氛围。①

（四）强化保障的职责

各地区要建立政府负责、社会协同、有关部门共同参与的安全管控机制。建立政府、学校、家庭、社会共同参与的劳动教育风险分散机制，鼓励购买劳动教育相关保险，保障劳动教育正常开展。各学校要加强对师生的劳动安全教育，强化劳动风险意识，建立健全安全教育与管理并重的劳动安全保障体系。科学评估劳动实践活动的安全风险，认真排查、清除学生劳动实践中的各种隐患特别是辐射、疾病传染等，在场所设施选择、材料选用、工具设备和防护用品使用、活动流程等方面制定安全、科学的操作规范，强化对劳动过程每个岗位的管理，明确各方责任，防患于未然。制定劳动实践活动风险防控预案，完善应急与事故处理机制。②

---

① 中国政府网. 中共中央 国务院关于全面加强新时代大中小学劳动教育的意见［EB/OL］. http：//www.gov.cn/gongbao/content/2020/content_5501022.htm.

② 同上。

二、政府劳动教育安全管理主要职能部门及其责任

（一）教育行政部门

教育行政部门在学校安全工作中应履行的职责，《中小学幼儿园安全管理办法》中有明确的规定：全面掌握学校劳动教育安全工作状况，制定学校劳动教育安全工作考核目标，加强对学校劳动教育安全工作的检查指导，督促学校建立健全并落实劳动教育安全管理制度；建立劳动教育安全工作责任制和事故责任追究制，及时消除安全隐患，指导学校妥善处理学生劳动教育伤害事故；及时了解学校劳动教育安全教育情况，组织学校有针对性地开展学生劳动教育安全教育，不断提高教育实效；制定校园劳动教育安全的应急预案，指导、监督下级教育行政部门和学校开展劳动教育安全工作；协调政府其他相关职能部门共同做好学校安全管理工作，协助当地人民政府组织对学校劳动教育安全事故的救援和调查处理。教育督导机构应当组织学校劳动教育安全工作的专项督导。

（二）财政部门

政府财政部门需要积极配合劳动教育安全管理的顺利实施，组织制定本级劳动教育经费开支标准、定额，审核批复教育部门（单位）的劳动教育预

图 2-1　政府财政部门做好劳动教育经费保障

第 2 章　劳动教育安全管理主体与责任

算。拟订支持劳动教育改革与发展的财政政策，制定需要统一规定的开支标准和支出政策，做好劳动教育师资、经费保障。

（三）其他部门

政府发展改革部门要将学校劳动教育纳入社会发展总体规划，加强机构编制、人力保障。经信、科技、自然资源、生态环境、建设、交通运输、水利、农业农村、商务、文化和旅游、国资监管、体育等部门要积极协调企业公司、农场场馆等履行社会责任，开放劳动教育实践场所。工会及行业组织要积极推动劳模工匠进校园，传播优秀劳动教育经验。精神文明建设、民政、共青团、妇联及公益基金会、社会福利组织等部门和单位要组织动员相关力量搭建活动平台，支持学生参加社会志愿劳动服务、公益劳动。负有安全生产监管职责的部门要注重加强劳动安全的监管和指导，保障学生劳动教育身心安全。

三、政府在劳动教育安全管理事故中的法律责任

《国务院关于特大安全事故行政责任追究的规定》

在学校安全事故中，大多由学校承担民事责任，很少提及政府责任。实际上，政府作为教育活动的管理者，其在工作中的过失或错误也是造成学校安全事故发生的重要因素之一。比如，就学校安全管理，有关行政部门缺乏对各级学校领导干部及相关人员安全意识的教育和培养，没能把学校安全工作摆在重要位置；政府相关部门的行政人员工作职责不清、工作不细致、玩忽职守，部门缺少奖惩制度和措施，易造成人浮于事的工作状态。以上这些都可能导致学校劳动教育安全管理事故的发生。① 根据《中华人民共和国安全生产法》和《生产安全事故报告和调查处理条例》的规定，综合教育系统突发安全事故的性质、涉及范围、危害程度、可能蔓延发展的趋势等，将劳动教育突发安全事故划分为：特别重大安全事故（Ⅰ级），

---

① 姚平.浅谈政府在学校安全管理中的责任：由五起校园砍杀事件引发的思考［J］.基础教育研究，2011（03）：13-15.

劳动教育安全管理

重大安全事故（Ⅱ级），较大安全事故（Ⅲ级），以及一般安全事故（Ⅳ级）。政府在不同级别的劳动教育安全管理事故中承担责任有所不同。

《国务院关于特大安全事故行政责任追究的规定》中明确指明："中小学校对学生进行劳动技能教育以及组织学生参加公益劳动等社会实践活动，必须确保学生安全。严禁以任何形式、名义组织学生从事接触易燃、易爆、有毒、有害等危险品的劳动或者其他危险性劳动。严禁将学校场地出租作为从事易燃、易爆、有毒、有害等危险品的生产、经营场所。""中小学校违反前款规定的，按照学校隶属关系，对县（市、区）、乡（镇）人民政府主要领导人和县（市、区）人民政府教育行政部门正职负责人，根据情节轻重，给予记过、降级直至撤职的行政处分；构成玩忽职守罪或者其他罪的，依法追究刑事责任。""中小学校违反本条第一款规定的，对校长给予撤职的行政处分，对直接组织者给予开除公职的行政处分；构成非法制造爆炸物罪或者其他罪的，依法追究刑事责任。"

第2节　学 校

劳动教育不仅关系到教育发展，也关系到学校整体育人目标及课程的具体实施。恩格斯在《自然辩证法》里就提出了"劳动创造了人本身"。马克思在《1844年经济学哲学手稿》中也指出："自由自觉的劳动是人类的特性，是人区别于动物的本质性活动。"① 学校是开展劳动教育的核心场所，更是保障学生劳动教育安全的核心场域，在学生劳动教育实施过程中负有重要职责。学校需要有目的、有计划地组织学生参加日常生活劳动、生产劳动和服务性劳动，让学生动手实践、出力流汗、接受锻炼、磨炼意志，培养学生正确劳动价值观和良好劳动品质。② 学校在此过程中需要认真贯彻落实《中共中央 国

---

① 胡雯婷，刘焕然.从马克思关于人的全面发展观谈学校劳动教育［J］.教育实践与研究（C），2022（Z1）：115-119.

② 中国政府网.中共中央 国务院关于全面加强新时代大中小学劳动教育的意见［EB/OL］.http://www.gov.cn/gongbao/content/2020/content_5501022.htm.

务院关于全面加强新时代大中小学劳动教育的意见》，保障学生在劳动教育中的安全，帮助师生、家长树立良好的劳动教育安全意识，将劳动教育安全融合到"五育"过程中，促进学生的全面发展。

一、学校在劳动教育安全管理中的主体责任

（一）保障劳动教育安全管理顺利实施

学校是开展劳动安全教育管理的核心主体，在劳动教育实践中承担着全面统筹、保障劳动教育安全管理顺利实施的重要责任：一是统筹配置教育系统劳动教育实践资源，增加劳动教育内容，优化劳动教育课程，开展家政、烹饪、手工等劳动教育实践。二是推动高等学校和职业院校探索、开放实习实训场所，面向中小学生建立资源共享机制。积极对接社会资源，组织学生到校外体验劳动实践新形态、新方式。三是建立基地、学校、家庭、社会"四位一体"协同合作的育人机制。四是引导家长树立正确的劳动观和成才观，鼓励学生随时随地参与日常生活劳动，养成从小爱劳动的好习惯。五是积极对接、引入并充分利用社会各方面资源，共建共享劳动教育实践基地，促进形成家庭劳动教育日常化、学校劳动教育规范化、社会劳动教育多样化的育人格局。

（二）构建劳动教育安全管理保障体系

全面落实安全工作职责制和事故职责追究制，保障学校安全工作规范、有序进行，积极构建学校内部的劳动教育安全管理保障体系。一是各级各类学校要加强对师生的劳动安全教育，强化劳动风险意识。二是学校要科学评估劳动实践活动的安全风险，认真排查、清除学生劳动实践中的各种隐患特别是辐射、疾病传染等，在场所设施选择、材料选用、工具设备和防护用品使用、活动流程等方面制定安全、科学的操作规范，强化对劳动过程每个岗位的管理，明确各方责任，防患于未然。三是有条件的学校要购买校方责任险，避免意外发生后的一系列问题，积极保障学生的身心安全。[1]

---

[1] 任国友.劳动教育风险类型与安全保障机制的构建[J].人民教育，2020（08）：27-29.

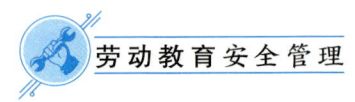

（三）健全劳动教育安全管理预警机制

学校开展学生劳动教育安全保障工作要坚持预防前置，以"治未病"的管理理念，制定劳动教育安全应急预案，使劳动教育教学活动安全工作程序化、规范化、日常化。坚持预防为主、分级负责、快速反应的原则，模拟真实劳动安全事故场景，组织学生模拟真实劳动教育安全演练，对劳动教育安全事故中的模拟伤员进行及时救护。制定突发事件应急预案，完善事故预防措施，建立校园周边整治协调工作机制，维护校园及周边环境安全，保证事故发生后能及时启动应急预案，对伤亡人员实施救治、对责任人开展职责追究等。制定劳动教育安全应急演练的方案是防范劳动教育安全突发性事故的关键举措。结合学校制定消防安全演练方案的经验，根据学校劳动教育实地情况，确定劳动教育安全演练时间、演练地点、演练对象、演练形式，确立应急疏散演练领导小组及成员职责分工、演练培训注意事项以及劳动教育安全疏散路线。

（四）加强劳动教育安全管理教育培训

劳动教育的主要对象是大中小学学生群体，这一群体的安全意识与安全素质较为欠缺，学校的安全教育是增强学生安全意识、提高安全能力的主要途径。各级各类学校要加强对师生的劳动安全教育，提高师生安全意识和防护能力。[1] 加强相关人员的劳动安全教育，使相关人员了解岗位职责，了解各种岗位上可能发生的事故及预防灾害事故的措施，会使用安全装置及器具，熟悉个人防护用品的使用方法。强化劳动风险意识，科学评估劳动实践活动的安全风险，认真排查、清除学生劳动实践中的各种隐患，在场所设施选择、材料选用、工具设备和防护用品使用、活动流程等方面制定安全、科学的操作规范，强化劳动过程每个岗位的管理，明确各方责任，防患于未然。

---

[1] 任国友.劳动教育风险类型与安全保障机制的构建［J］.人民教育，2020（08）：27-29.

第 2 章 劳动教育安全管理主体与责任

二、学校劳动教育安全管理主要职能部门及其责任

对学生开展劳动教育，既是培育学生思想品德的有效途径，又是改变师生行为习惯、使其学会做人做事的实践过程。要做好学生的劳动教育工作必须要各部门积极配合，发挥各部门较强的策划力、组织力、执行力，才能达到劳动教育的效果。为了有序和规范地开展学校劳动教育，学校可成立劳动教育课教学委员会和教研室等机构，主要负责劳动教育课程的策划、指导、组织、实施、检查和管理等教学教务工作。

（一）劳动教育课教学委员会及其工作职责

学校劳动教育课教学委员会设组长、副组长以及成员若干名，一般由教务处、学生工作处、后勤处、督察室和各年级或者二级学院的主要负责人组成。其主要职责有：根据本校的实际，建立和完善劳动教育课各项规章制度；负责研讨劳动教育课有关教育教学重要政策规定；加强劳动教育课的思想政治工作，进一步明确实施劳动教育课的目的，端正劳动态度，教育广大学生积极参加劳动；及时解决劳动教育课学生反映的重要问题，督促劳动教育课取得最佳效果；努力探索、改革学校劳动教育课实施和管理模式，不断丰富劳动课内容，创新教育教学形式。

（二）劳动教育课教研室及其工作职责

学校劳动教育课，是一门新增加的思想教育必修课，按照教学要求，应成立课程教研室，主要负责全校各年级劳动教育课程教学计划的编制、组织实施、教研活动和日常管理等工作。劳动教育课教研室接受教学委员会的直接领导，接受教务处的业务指导和督察管理工作。劳动教育课教研室的主要职责如下：负责制订劳动教育课的教学计划、组织实施、检查考评、成绩录入、学分管理和奖惩等规章制度；加强劳动课的普遍教育，明确劳动目的，端正劳动态度，充分调动广大学生参与劳动的积极性。针对少数学生做好耐心细致的思想政治教育工作；具体负责劳动教育课的计划组织、理论教学、技能培训、实践指导、考勤管理、检查督促、讲评反馈、问题整改和资料整

理等工作；认真了解和掌握劳动教育课实施过程中反映出来的问题，做好家校联系沟通，及时解决问题；按照教务处的安排，结合劳动教育课存在的问题，开展教育教学经验交流、集体备课和研讨活动；不断探索创新大学生劳动教育课的方法和形式，丰富劳动课程内容等。

（三）教务部门工作职责

学校教务部门主要负责指导、协调各年级或二级学院按照新时代党和国家的教育方针和培养目标，即"培养德、智、体、美、劳全面发展的社会主义劳动者和接班人"，修订各专业人才培养方案，审核批准专业人才培养方案。具体工作：负责指导劳动教育课教研室，根据学校教学规定和劳动课的计划安排，组织劳动教育课程日常教学管理工作，规范课程教学流程、检查督促教学与实践效果，及时整改存在的问题；负责每学期期初、期中、期末三次大检查，不断规范课程体系制度，完善课程教学存档资料，提高课程教育教学质量，努力使劳动课教育教学更加制度化、规范化；负责劳动教育课学生个人课程成绩、学分管理，指导课程补考、重修等工作；负责指导劳动教育课教研室做好劳动教育课程的教学改革，不断探索创新劳动教育课的教学和实践内容、形式和方法。

（四）学工部门工作职责

学工部门主要负责以下内容：

第一，指导劳动教育课教研活动，根据教务部门有关课程教学规定和劳动教育课的实际，不断修订和完善符合劳动教育课实际的课程体系，科学制订学年度劳动教育课教学实践计划安排，并指导实施，健全劳动教育课规章制度，使劳动教育课更加制度化、规范化。第二，加强劳动教育课宣传教育，大力开展对广大学生劳动教育课的宣传教育工作，组织实施新时代党和国家教育方针的教育，充分认识高校开设劳动教育课的重要性和必要性，明确课程建设目的，端正劳动态度，努力营造劳动教育课的教育宣传氛围。第三，协调各年级院（系）课程安排、具体实施，负责指导协调院（系）做好劳动教育课的组织实施、检查督促、问题整改等工作，主动协调各职能部门劳动教育课教育教学，特别是实践课有关工作，及时协助解决劳动教育课的有关问题。第四，指导院（系）和辅导员工作，及时了解掌握学生对劳动教育课的思想反馈，树立和宣传吃苦耐劳表现突出的典型，耐心细致地做好个别学生的思想政治教育工作，广泛调动大家参与劳动教育课的积极性、主动性。第五，指导资料归档工作，指导劳动教育课教研室按照课程建设的要求，收集、整理、归档，规范地做好劳动教育课的存档资料；做好每学年教育教学工作总结，开展好各项教研活动。第六，组织做好劳动教育课程的探索与创新，在开展、组织、实施劳动教育课过程中，应及时收集劳动教育课程教学过程中出现的新情况和新问题，及时组织分析研讨，不断探索新时代大学生基础劳动教育课的新形式，丰富教学新内容，力争取得新效果。

（五）后勤部门工作职责

后勤部门主要负责：

提出符合实际的劳动标准。后勤部门作为文明校园创建的重要职能部门，应根据校园文明卫生、环境绿化等要求和广大学生的实际，提出校园基础劳动的有关标准，如教室、实验实训室、大厅、走廊、厕所等室内的地面、墙面、桌面、门窗面、玻璃面和天花板的清扫干净的标准，如广场、道路、运动场、人行道、绿化带（地）等室外清扫、清捡干净的标准，以使学校劳动教育课的组织实施者对照标准提出要求，更加有的放矢。

组织劳动技能和方法培训。后勤总务部门应定期组织学生骨干进行劳动技能和方法的培训，进行正确的劳动姿势培训，使学生熟练地掌握劳动技能和劳动工具，如现代智能劳动工具的使用方法和技能，从而极大地提高劳动教育课的质量和效果。

协助做好劳动课日常检查。后勤总务部门和学校督察部门共同履行劳动教育课日常实施情况的检查指导工作，及时巡查发现校园各区域劳动教育课存在的各种问题，及时提出整改意见，协助抓紧抓好整改落实工作，提升劳动教育课的日常教学工作质量。

参与统一组织的劳动督查。一般情况下，学校每周要组织一次全面的、彻底的劳动教育课检查，按照统一组织和分工负责相结合的检查方式，认真详细检查，发现问题及时汇报并提出整改意见，落实好检查责任。

做好劳动教育课工具保障。根据劳动教育课参加学生人数所需要劳动工

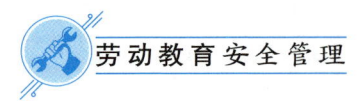
劳动教育安全管理

具以及劳动工具正常损耗等情况，及时按程序申请、审批、购买和补充，切实保障好劳动教育课所需要的劳动工具。

（六）教师主要职责

各年级或院系教师在劳动教育课中应负的主要职责如下所述：

制订详细计划并分工负责。根据学校教务部门和学工部门关于开展基础劳动教育课程的要求，对照各自参加劳动教育课的班级及人数，制订详细的劳动课计划，分成区域劳动小组，指定小组长，做好分工负责。组织班委会议和班会，明确有关规定，提出落实好劳动教育课的具体措施和要求。

重视教育，统一思想。教师根据学工部门和劳动教育课教研室的布置和要求，组织好劳动教育理论课的备课，充分准备，编写好教案并认真组织教学，做好劳动教育理论课教学登记、考勤登记、过程登记、效果评价登记，形成完整的理论教学资料。

遵守制度，落实规定。负责劳动教育课组织实施的教师，应坚持劳动教育课课程标准和制度，做好每天早上集合考勤登记和管理工作，做好每天劳动实践课结束后的小结评讲，加强对劳动课实践过程中问题的自查整改工作，重视对劳动教育课实践过程中的好人好事的宣传和氛围营造工作，做好劳动课教育教学总结。[①]

交流经验，树立典型。教师在劳动教育实践中，应注重收集在劳动中不怕苦、不怕累、不怕脏、吃苦耐劳的典型事例，组织撰写心得体会和交流经验。注意利用实践过程，对典型学生给予评先评优，培养入党积极分子和发展党员。

耐心细致，做好工作。加强思想教育工作，对少数认识不到位、态度不端正、出工不出力，甚至出现找借口请假躲避劳动等行为的学生，要及时沟通，做好耐心细致的思想教育工作。对个别我行我素、屡教不改、无特殊原因不参加劳动的问题学生，除给予补考、重修外，还应严肃批评、教育，情节严重的要给予纪律处分。

加强自查，提高效率。校园劳动，由于点多、面广、线长，应科学组织，

---

① 裴凤琴，杨晨欣，朱巧英.高职院校劳动实践课程管理探析［J］.河南农业，2021（09）：14-15.

合理分配和分工。要组建督察小组，由教师担任组长，全体成员均应熟悉校园环境并有较强管理能力，通过在劳动中反复巡查，发现问题当场整改，从而提高劳动课的质量和效率。

收整资料，分类存档。教师要根据学校有关课程教学管理规定和要求，认真完整地收集课程计划、备课教案、成绩登录和分析表、考勤表及课程教学实践总结等，填写整理好教学情况登记表，由教研室存档保管。

三、学校在劳动教育安全管理事故中的法律责任

（一）学校承担全部责任的情况

学校或教师役使学生参加的劳动包括组织学生参加有毒、有害或危险的生产作业，让学生参加与其年龄、体力不相适应的劳动，以完成创收任务为目标的勤工俭学等。这类劳动违背育人的根本宗旨，不符合《中华人民共和国教师法》《中华人民共和国未成年人保护法》等法律的基本精神，必须坚决摒弃。一些地方已经出台政策，禁止学校役使和变相役使学生。例如，山东省教育厅、山东省公安厅颁布的《关于进一步加强学校安全保卫工作的意见》规定：禁止役使和变相役使学生，造成学生致伤、致残、致死等严重后果的，依法追究刑事责任。

案例2-1

杨某（7周岁）是某小学二年级学生，其所在学校制定了学生餐后轮流清洗公用饭盒等相关制度。某日中午，轮到杨某洗饭盒，由于洗碗槽的水太冷，杨某便走进厨房，爬上约90厘米高的锅围，到蒸饭锅内拿水瓢舀热水，不慎坐入锅内，被开水烫伤。当时无一教职工在场，幸亏有一路过的教师发现并将其抱出。

杨某家长向学校索赔未果，将学校诉至法院。一审法院认为，被告组织学生洗饭盒时，虽有不许学生随意进厨房的制度，但制度未落到实处，学生洗饭盒时处于无人管理状态，被告对原告未尽监管之责，应对损害负

主要责任。但原告未遵守学校规章制度，擅自进入厨房，也存在过错，应相应减轻被告的民事责任，故判决学校承担60%的赔偿责任。杨某父母对一审判决不服，向检察机关提出申诉。检察院审查后认为，学校安排年仅7周岁的杨某等未成年人洗公用饭盒的制度不妥。杨某在洗饭盒过程中被烫伤，系因学校未建立健全安全制度及管理措施不力造成，其伤后的经济损失应由学校全部承担。该案经检察院提出抗诉后，市中级人民法院再审时采纳了检察机关的抗诉意见，撤销了一审判决，改判由杨某所在的学校承担全部责任。

（二）学校承担部分责任的情况

学生在参加属于正常教学范畴的劳动中受到伤害，需要根据学校和教师是否有过错，是否尽到了相应的教育、管理和保护职责来判定学校是否需要承担责任，以及承担责任的轻重。属于正常教学范畴的劳动主要包括以下几类：（1）校园卫生劳动。（2）科学实验劳动。（3）劳动技能训练。比如：学校开设的服装、烹饪等劳动技能课。（4）社会公益劳动。（5）符合学生身心发展特点的勤工俭学活动。这与以完成创收任务为目标的勤工俭学不同，前者以培养学生的劳动习惯为目的，后者以创收为目标，把学生单纯作为一般劳动力使用。判断学生的劳动是否属于正常教学范畴的劳动，除了要看学生参加的劳动是否属于上述类型外，还要看劳动的内容和强度是否适合学生的年龄特点。如果劳动的内容和强度不适合学生的年龄特点，那么即使属于上述类型的劳动，也属于役使学生。

案例2-2

小严是某中学的学生。一天，小严和其他几个学生被教师叫去帮忙搬课桌。在短短30米的搬运途中，小严的右腿不慎被课桌角撞了一下。几分钟后，小严感到双脚麻木，不能站立，于是教师立即将其送往医院治疗。经诊断，小严的损伤为胸段脊髓血管畸形。后经治疗，小严的病情稍有好转，但下肢仍然瘫痪。由于就赔偿问题未能达成一致意见，因此小严的父母以小严的名义将学校告上了法庭。司法鉴定机构对小严的伤情成因进行鉴定后认为，小严的伤情是在原有胸段脊髓血管畸形的基础上，因外力诱发畸形血管出血所致。

法院经审理后认为，原告小严根据教师的安排积极参加集体劳动，事发前并不知晓自己的身体缺陷，故小严在损害事故中并无过错。教师安排学生参加的搬课桌的劳动，属于正常教学范畴的劳动。从课桌的重量、搬运路途来看，劳动强度适当，符合中学生的年龄特点。教育部《学生伤害事故处理办法》第9条规定，学生有特异体质或者特定疾病，不宜参加某种教学活动，学校知道或者应当知道，但未予以必要注意，导致学生伤害事故的发生，学校应承担相应的责任。案例中，教师让学生搬课桌之前，并不知道学生有特异体质，但搬运课桌显然属于为了学校和学生的共同利益而进行的活动，因此学校理应予以适当补偿。

案例2-3

18岁的王某是某技校数控班车床专业的学生，一天下午在上车床实训操作课时，被车床打伤右手，造成十级伤残。事故发生后，王某就医治疗，双方就赔偿事宜未能达成一致意见。

王某认为是由于学校的车床存在松动问题，造成自己的右手粉碎性骨折，要求学校方赔偿自己医药费、营养费等各种费用。

学校辩称，学校提供给学生实习的车床是正规企业生产的合格产品，符合国家相关产品标准，有出厂产品合格证，不存在任何隐患。王某之所以受伤，是其在实习时违反操作规程所致。学校方已履行了对学生的安全教育、监督、保护管理义务，校方不存在任何过错，不应承担民事赔偿责任。学校向法院提交了车床的合格证明书、车床操作规程、学校规章制度、车间警示牌等以证明其无过错。

法院审理认为，王某在职校就读，在学校组织的实训操作课上，被车床打伤右手，造成十级伤残的损害后果。王某提交的证据不能证明校方未尽到安全教育的义务，也不能证明校方提供操作的设备不符合标准、有明显不安全因素的情况，校方提交的证据不能证明王某对事故的发生存在明显的过错。根据王某是在职校组织的教育教学活动过程中受伤的实际情况，双方应当分担民事责任，王某承担次要责任，校方承担主要责任。法院依法判决被告某技校赔偿原告王某医疗费、交通费、残疾赔偿金的70%。

（三）依据具体情况判定学校是否承担责任

在学校的日常教育教学活动中，经常会发生学生受教师指示帮助教师完成某些力所能及的事务的情况，比如擦黑板、扫地、拿作业等，此类行为经常发生，但在本质上与役使学生劳动的行为有很大区别。在上述情境中，学生大多出于自愿而帮助教师完成某项劳动，不存在委托或者帮工的情况，是一种出于助人意愿而开展的劳动，即师生之间出于情谊的无偿帮助行为。在这种"情谊"关系中，双方都不受法律上的义务约束，学生可以不帮助教师，教师也没有请求学生帮助的权利。这种"情谊"关系在正常状态下不进入法律调整范围。但是，在帮助教师的过程中，一旦学生受到意外伤害，这种常态关系就被打破了，就要受到法律的约束。不管学生是主动帮助，还是受教师委托，若出现意外，教师都应给予学生适当的经济补偿。学校是否应当承担补偿责任，具体要看学生从事的这些劳动是否与教师履行教学职责有关。如果有关，则应认定为教师的职务行为，学校应承担补偿责任；否则，学校不应承担补偿责任。

第3节 社会

以社会为主体的劳动教育安全管理主要是以社会第三方等企业或实训基地为主提供的劳动教育活动。社会第三方企业能够最大化地给予学生实践学习所需要的劳动技术和相关的设备支持，提供最真实的教学环境，让学生更加真实地感受现实劳动情境，加深理解和认知。通常由学校与社会第三方协商，由社会第三方机构为学生提供实训或劳动教育资源，全面锻炼学生的劳

第 2 章 劳动教育安全管理主体与责任

动教育技能，提高学生的劳动能力和知识素养。社会第三方在承担学生劳动教育工作期间，必须秉持安全第一原则，保障学生的身心健康，必须明确指出劳动实训的相关要求和必须遵守的纪律，并严格执行各种规则，落实行动，全面保障学生的安全，积极落实学校劳动教育相关要求，培养学生的劳动实践能力。

一、社会在劳动教育安全管理中的主体责任

（一）完善劳动教育安全保障机制

社会第三方机构在整个劳动教育过程中，要发挥主体责任，提供必要的场所和设备，配备好劳动教育导师，保障学生顺利完成教育实践活动。更要及时制定本场所劳动教育安全管理实施标准，加强劳动教育实施的制度化和标准化建设，完善劳动教育安全保障机制，加强企业建设和组织领导，明确企业开展劳动教育的目标和任务，制定切实可行的劳动教育安全措施并抓好落实，真正保障学生的劳动教育安全。社会第三方机构要根据自身实际情况，加强劳动教育教学改革，学校要及时了解和掌握第三方企业发展动态，适时调整和优化劳动教育课程设置。

（二）加强劳动教育安全管理实训

首先，要统一规划劳动教育安全管理实训。社会第三方劳动教育企业需要制订全员安全教育培训计划，坚持集中学习与自学相结合，坚持学习与实践相结合，通过多种途径和方法，使师生及员工熟悉安全规章制度，掌握安全救护常识，学会预防事故、自救、逃生、紧急避险的方法和手段，并特别针对学生开展安全防范教育，使学生掌握基本的自我保护技能，应对不法侵害，增强安全意识。其次，要落实劳动教育安全管理责任。社会第三方作为劳动教育安全责任主体，要将师生及员工培训纳入年度工作计划，自行组织对所有员工、学生、老师进行劳动教育的安全培训工作。最后，要确保劳动教育安全管理实训质量。建立全员安全培训档案台账，认真督查，加强考核。对劳动教育安全培训工作重视不够、组织不得力、不及时的，应给予批评指正。

图 2-2　现场演示灭火器的使用方法

（三）确保学生劳动安全及教育实效

在合力落实学生劳动实训或劳动教育中，学校是实施劳动教育的主体，社会第三方机构是劳动教育的主要承担者。在中、高年级学生社会劳动教育中应当建立并实行学生参加校外公益服务劳动制度，中等及以上学校应建立并实行学生参加见习实习劳动和社会生产劳动制度，规定适合学生年龄特点的劳动时间，加强劳动教育专兼职师资建设列入教师队伍建设规划。社会第三方劳动教育企业需高度重视和保障劳动教育实效，制定保护学生劳动安全的操作细则。在劳动教育过程中，将劳动教育实效与学生劳动教育安全并举，在维护学生劳动教育身心安全的同时，全面发展学生的劳动知识技能和实践技能，认真贯彻立德树人根本目标和"五育并举"方针，发挥社会劳动教育对学校劳动教育的辅助功效。

二、社会在劳动教育安全管理事故中的法律责任

依照国家2007年6月1日起施行的《生产安全事故报告和调查处理条例》第三条规定，根据生产安全事故（以下简称事故）造成的人员伤亡或者直接经济损失，事故一般分为以下等级：

（1）特别重大事故，是指造成30人以上死亡，或者100人以上重伤（包

括急性工业中毒，下同），或者 1 亿元以上直接经济损失的事故。

（2）重大事故，是指造成 10 人以上 30 人以下死亡，或者 50 人以上 100 人以下重伤，或者 5000 万元以上 1 亿元以下直接经济损失的事故。

（3）较大事故，是指造成 3 人以上 10 人以下死亡，或者 10 人以上 50 人以下重伤，或者 1000 万元以上 5000 万元以下直接经济损失的事故。

（4）一般事故，是指造成 3 人以下死亡，或者 10 人以下重伤，或者 1000 万元以下直接经济损失的事故。

在由社会第三方开展的劳动教育中，一旦发生安全事故，需要根据具体安全事故发生过程当中社会第三方企业有没有履行自己应该履行的法定义务，以及导致安全事故发生的责任主体来明确各方应承担的责任。应该受到责任追究的事故，责任主体主要有 4 种。

（一）劳动教育安全事故发生单位

社会第三方开展的劳动教育，是以生产经营单位为劳动教育活动主体的，其应当依法履行加强管理、确保安全生产的义务。因其违法造成事故的，应当承担相应的法律责任。据此，生产经营单位或者企业对事故发生负有直接责任，应当作为独立的责任主体承担法律责任。

根据《中华人民共和国安全生产法》第九十五条规定，生产经营单位的主要负责人未履行本法规定的安全生产管理职责，导致发生生产安全事故的，由应急管理部门依照下列规定处以罚款：

（1）发生一般事故的，处上一年年收入百分之四十的罚款；

（2）发生较大事故的，处上一年年收入百分之六十的罚款；

（3）发生重大事故的，处上一年年收入百分之八十的罚款；

（4）发生特别重大事故的，处上一年年收入百分之一百的罚款。

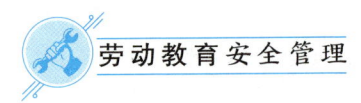

（二）劳动教育安全事故发生单位有关人员

《中华人民共和国刑法》第一百三十七条规定："建设单位、设计单位、施工单位、工程监理单位违反国家规定，降低工程质量标准，造成重大安全事故的，对直接责任人员，处五年以下有期徒刑或者拘役，并处罚金；后果特别严重的，处五年以上十年以下有期徒刑，并处罚金。"第一百三十八条规定："明知校舍或者教育教学设施有危险，而不采取措施或者不及时报告，致使发生重大伤亡事故的，对直接责任人员，处三年以下有期徒刑或者拘役；后果特别严重的，处三年以上七年以下有期徒刑。"

《中华人民共和国民法典》第一千一百七十九条规定："侵害他人造成人身损害的，应当赔偿医疗费、护理费、交通费、营养费、住院伙食补助费等为治疗和康复支出的合理费用，以及因误工减少的收入。造成残疾的，还应当赔偿辅助器具费和残疾赔偿金；造成死亡的，还应当赔偿丧葬费和死亡赔偿金。"

《生产安全事故报告和调查处理条例》规定，不仅要追究事故发生单位的责任，还要对其有关人员实行责任追究。事故发生单位有关人员包括负有责任的主要负责人、直接负责的主管人员和其他直接责任人员。"主要负责人"包括企业法定代表人、实际控制人等对生产经营活动负全面领导责任、有主要决策指挥权的负责人；"直接负责的主管人员"包括负有直接领导、管理责任的有关负责人、安全管理机构的负责人和管理人员；"其他直接责任人员"包括负有直接责任的从业人员和其他人员。

（三）劳动安全教育有关政府、部门工作人员

学校与社会第三方合作开展劳动教育过程中，政府及其职能部门有责任监督管理第三方机构，保障劳动教育的安全。根据《生产安全事故报告和调查处理条例》规定，有关地方人民政府、安全生产监督管理部门和负有安全生产监督管理职责的有关部门有下列行为之一的，对直接负责的主管人员和其他直接责任人员依法给予处分；构成犯罪的，依法追究刑事责任。"直接负责的主管人员"包括负有责任的有关地方人民政府的领导人、安全生产监督管理部门和有关部门的负责人。"其他直接责任人员"包括负有责任的行政机

第 2 章　劳动教育安全管理主体与责任

关内设机构的负责人和其他工作人员。

（四）劳动安全教育中介机构、学校及相关人员

学校作为与社会第三方企业合作的主体，在对学生劳动教育第三方机构的选择上负有责任。因此而导致的安全事故，学校负有一定职责，应当确保学生参与社会劳动教育的身心安全，学校及其相关人员应当承担一部分责任。学生外出接受劳动教育期间仍然属于在校学生，故学校对学生仍然有管理义务，不能交给劳动教育机构后放任不管。尤其当学生从事的内容具有一定危险性时，学校不仅要对学生做好安全教育和专业技术教授工作，还要积极与实习单位做好协调工作。学校也要经常性地到第三方劳动教育机构实地探访，如果发现其有侵犯学生权益的情形，或实习工作有可能产生危险性的，应及时向其指出，督促纠正不适当行为，加强防护或调整工作内容，必要时可解除与该第三方机构的合作关系。如果学校没有尽到上述义务，使得学生在劳动教育过程中受到伤害的，学校也要承担相应责任。

根据《生产安全事故报告和调查处理条例》规定，对给发生事故的单位提供虚假证明的中介机构及其相关人员实行责任追究。如果从事安全评价、认证、检测、检验等中介机构及其相关人员对其承担的安全评价、认证、检测、检验事项出具虚假证明，应视其情节轻重，追究其行政责任、民事责任和刑事责任。

案例 2-4

在湖南省临武县一职业学校就读的小鹏，19 岁的他被学校安排到湖南一家新能源公司实习。在一次清洁辊压机时，他的右手手掌不慎被卷入机器压辊中。经手术，他的食指和中指因伤势过重被截肢，右手功能的恢复并不理想。小鹏受伤后，在手术、治疗等方面未与学校和企业达成一致。面对学校和工厂的推诿，小鹏无奈选择曝光此事。在事件引发舆论关注后，校方表示会遵照医嘱为小鹏治疗，直到他满意为止；企业方则回应："他这就是工伤，我们也一直在积极处理。"虽然企业方称小鹏是"工伤"，但根据《工伤保险条例》，工伤保险保障的是与用人单位建立劳动

关系的职工。学生参加顶岗实习，并未与用人单位建立劳动关系。因此，即便是因工受伤，他们也无法获得工伤待遇。对小鹏来说，右手功能的恢复还需要时间。但根据实际关系，没有参加工伤保险的小鹏，与实习公司存在实际雇佣关系，公司和学校应承担大部分责任。

第4节 家庭

家庭是社会中最小、最重要的组成单位。学生在整个人生经历中，有很大部分时间要在家庭中度过，且学生主要是在家庭环境里生活和学习，很多早期教育都有赖家庭的配合和支持。家庭劳动教育自始至终贯穿学生劳动教育的全过程，家庭劳动是劳动教育中的重要环节，是劳动教育的前沿阵地。我们要按照中共中央文件的要求，加强对家庭劳动教育的重要性的认识，纠正弱化家庭劳动教育的认知误区，保障学生家庭劳动教育安全，发挥家庭在学生劳动教育中的基础作用。

图 2-3 孩子参与家里大扫除

第 2 章　劳动教育安全管理主体与责任

一、家庭在劳动教育安全管理中的主体责任

（一）辅助、教导子女进行劳动教育的职责

劳动教育一直是党的教育方针的重要组成部分。但是在过去较长一段时间里，因为教育评价机制不健全，劳动教育处于"存在感不强"甚至"被隐匿"的状态。很多家长虽然明白劳动对孩子健康成长的重要作用，但更希望孩子在学业上有显著成绩，因而往往在家庭中忽视劳动教育。2020 年 3 月 26 日，中共中央、国务院印发了《中共中央 国务院关于全面加强新时代大中小学劳动教育的意见》，就全面贯彻党的教育方针、加强大中小学劳动教育进行了系统设计和全面部署。家长是孩子的第一任老师，家庭是实施劳动教育的重要场所。该意见指出，"鼓励孩子自觉参与、自己动手、随时随地、坚持不懈地进行劳动"，强调发挥家庭在劳动教育中的基础作用。家长首先应树立科学的教育理念，认识到"劳动是最好的德育范式"，树立通过劳动提升孩子关键能力和必备品格的价值认同。同时，要打破思维定式，不能认为劳动就是简单的家务或繁重的体力劳动，要有"大劳动"的观念。家长对劳动有了正确认知，才能在日常生活中对孩子起到积极的示范与引导作用。其次，家长要善于创造劳动的机会。在认识转变后，要给孩子创造更多劳动机会，在家庭中营造劳动的氛围。对于学生来说，劳动的能力一旦掌握，就会成为无形的人生财富。最后，要注重养成劳动习惯。在家庭教育中，要让劳动成为一种习惯，成为学生的"下意识"行为。①

---

① 高杰.发挥好家庭在劳动教育中的基础作用［J］.中国民族教育，2020（05）：7.

劳动教育安全管理

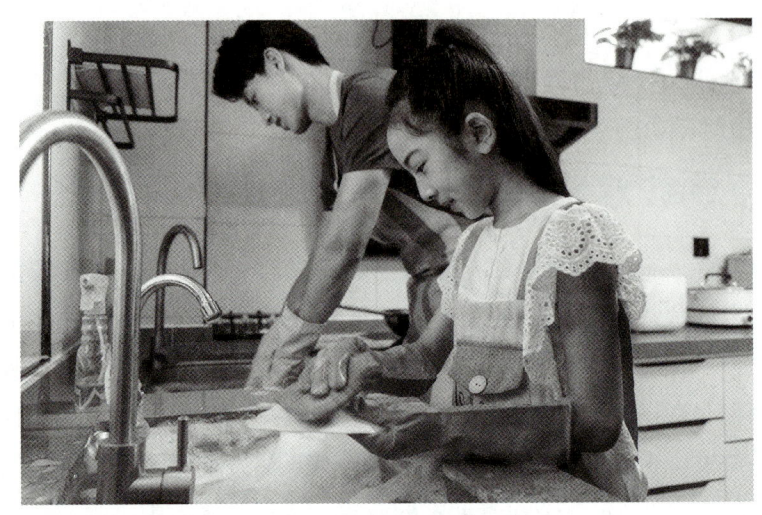

图 2-4　孩子参与洗碗

（二）合理保障子女劳动教育安全的职责

保障子女劳动教育安全不意味着事事如履薄冰，作为学生劳动教育的核心场域，家庭应该发挥其应有的教育价值，在保障学生安全的基础上发挥劳动育人效能。家长在实际中应纠正两种不良倾向，这两种倾向一种是溺爱，另一种是"怕"。从人性的角度看，对下一代的关爱是一种天性，但过度的关爱就变成了溺爱。一些家长让孩子享受"饭来张口，衣来伸手"的待遇，使其成为温室里的花朵。"怕"就是过于担心孩子的安全，特别是看到一些安全事故后，希望给孩子营造"绝对安全"的环境，结果把劳动锻炼的机会与安全隐患一起隔绝。① 劳动教育没有特殊性，应该融入日常生活。劳动不需要追求形式感，家长应该尽可能地让孩子融入家庭的日常劳动、日常生活之中。劳动不局限于做饭，还有许多日常活动需要家长带孩子去体验，如刷碗、打扫卫生、洗衣服等。做饭过程中，一些孩子会出现被刀子割伤、被油烫伤等情况，这在劳动中很难避免。家长不能因为担心孩子出现小伤口、小问题就不让孩子从事家务劳动。处处小心呵护，甚至代替孩子劳动，不利于孩子劳动价值观和劳动习惯的培养，也不利于培养孩子的责任意识。

---

① 高杰.发挥好家庭在劳动教育中的基础作用［J］.中国民族教育，2020（05）：7.

第 2 章　劳动教育安全管理主体与责任

（三）培养子女劳动安全意识和责任意识

劳动内容是进行劳动教育的具体载体，而非劳动教育的最终目标，因此需要学校进行科学、合理的整体安排，以充分发挥劳动育人作用。家长可以为学生设计劳动清单，让劳动任务具有鲜明的可操作性，注重科学性，也强调教育性。学校结合各年龄段学生的发展特点和学习兴趣，按照循序渐进、螺旋上升、接力推进的原则，科学合理地设置各年级家庭劳动内容，减少劳动内容重复、散乱、断层等问题。① 引导家长关注日常劳动场景的教育意义，有意识地带领孩子走进他们习以为常的劳动场景，在生活中挖掘劳动的深度，感受其中所蕴含的劳动精神和生活态度。比如，一至六年级劳动清单中都包含学习做菜，随着年级的升高，清单里菜谱的种类、难度、数量也随之递增。建议家长在周末的早晨带着孩子一起去农贸市场、早餐店等，观察普普通通的一棵菜、一份早餐背后的付出，从而使孩子发自内心地对劳动意义、劳动价值产生情感认同。此外，加强学生在劳动教育中的安全意识，对可能存在的劳动危险行为及时纠正，在学生家庭劳动中注意不要被劳动器具划伤，也要注意避免人身意外。

二、家庭在劳动教育安全管理事故中的法律责任

2021 年 10 月 23 日，《中华人民共和国家庭教育促进法》开始实施，其中第一条开篇明义"为了发扬中华民族重视家庭教育的优良传统，引导全社会注重家庭、家教、家风，增进家庭幸福与社会和谐，培养德智体美劳全面发展的社会主义建设者和接班人，制定本法"，奠定了《中华人民共和国家庭教育促进法》的立法目的，即为培养"德智体美劳全面发展的社会主义建设者和接班人"。该法律更是在第十四条中明确指出"父母或者其他监护人应当树立家庭是第一个课堂、家长是第一任老师的责任意识，

---

① 章振乐. 家务劳动清单：落实家庭劳动教育［J］. 教育家，2022（19）：48-49.

承担对未成年人实施家庭教育的主体责任,用正确思想、方法和行为教育未成年人养成良好思想、品行和习惯","共同生活的具有完全民事行为能力的其他家庭成员应当协助和配合未成年人的父母或者其他监护人实施家庭教育"。其中,第十六条第六点明确对家庭劳动教育提出要求:"帮助未成年人树立正确的劳动观念,参加力所能及的劳动,提高生活自理能力和独立生活能力,养成吃苦耐劳的优秀品格和热爱劳动的良好习惯。"①

图 2-5　家庭教育从孩子抓起

《中华人民共和国民法典》中亦有规定,父母基于亲权对未成年子女的教育权,此项权利也是一种法定义务不得抛弃。《中华人民共和国未成年人保护法》第五条指出:"国家、社会、学校和家庭应当对未成年人进行教育。"《中华人民共和国教育法》中亦提及"监护人应当为被监护人受教育提供必要条件,同时配合学校及其他教育机构对被监护人进行教育"。此外,在《中华人民共和国义务教育法》《中华人民共和国预防未成年人犯罪法》等法律中均对家庭教育有所提及。因此,家庭劳动教育作为家庭教育的重要组成部分,同样要求监护人履行相应的责任和义务,保障学生的合法权益,当学生的权益被侵害或剥夺时,有权依法追究监护人的法律责任。《中华人民共和国家庭教育促进法》第四十八条规定:"未成年人住所地的居民委员会、村民委员会、

---

① 中华人民共和国家庭教育促进法［EB/OL］.http://www.gov.cn/xinwen/2021–10/23/content_5644501.htm.

妇女联合会，未成年人的父母或者其他监护人所在单位，以及中小学校、幼儿园等有关密切接触未成年人的单位，发现父母或者其他监护人拒绝、怠于履行家庭教育责任，或者非法阻碍其他监护人实施家庭教育的，应当予以批评教育、劝诫制止，必要时督促其接受家庭教育指导。"

案例2-5

少年家中煮饭失火　烧了200年状元楼

某天晚上，在有200多年历史的綦江李家状元老宅左边靠东的一间木楼里，14岁的小华（化名）正在家中用液化气罐点火煮饭，由于煤气泄漏突然失火，引燃了房屋，被吓坏了的小华赶紧将气罐拖到屋外。当地村民说，当时火苗已蹿起20多米高，借着大风急速蔓延，大家急忙逃出屋子。随后，村民们听到一声爆炸声，一团火球从屋子里冲出来，引燃20米外的隔壁邻屋。大火在短短10分钟内蔓延开来，10间两层楼的木楼全被引燃，大火映红了夜空。綦江区消防大队和当地的专职消防队赶到现场时，大火已吞没了10间老屋。由于火势太大，消防队员只得从附近的田地和水井中抽水灭火。大火在燃烧7小时后，终于被消防队员扑灭。当地的村民很是惋惜：这些房屋全是200年前的老屋，用整木建造，一些木材还是比较名贵的红木。这也是当地重点保护的一处古建筑。

父母是孩子的启蒙老师，更是劳动教育的第一责任人。实现学生的全面发展，不应该将学生培养成只会读书的机器，而应塑造成会劳动、爱劳动、有思想、能担当的人。在学生进行家庭劳动过程中，一方面，父母应该承担起开展劳动教育的职责，鼓励他们多劳动，教育他们会劳动，引导他们掌握基本的劳动技能和生活技能，而不是让劳动成为一种惩罚孩子的工具；另一方面，父母更应该注意学生在家庭劳动中的安全问题，避免学生劳动过程中因安全意识的欠缺，导致案例中类似事件的发生，造成难以估量的损失。

劳动教育安全管理

第5节　实践基地

  劳动教育要真正落地，需要一定的资源支持和条件保障。2020年，中共中央、国务院印发的《中共中央 国务院关于全面加强新时代大中小学劳动教育的意见》强调，劳动教育要体现时代特征，强化综合实施，坚持因地制宜，结合本地情况，充分挖掘校外可利用的资源，采取多种方式开展劳动教育。校外劳动教育实践基地作为校外开展劳动教育的重要场所，其丰富的资源已成为创新劳动教育方式、丰富劳动教育课程内容的重要支撑。建设好学生校外劳动教育实践基地，明确校外劳动教育实践基地在学生劳动教育中的责任，是落实学生劳动教育的基本途径，是加强中小学劳动教育的有效手段，是全面推进劳动教育、培养全面发展新一代的重要举措。学校可整合利用校外劳动教育实践基地资源，建设好校外劳动教育实践基地，全面保障学生的劳动教育安全，更好地推动校内外劳动教育的开展。

图2-6　福建省三明市综合实践学校（图片由巫常清提供）

第 2 章　劳动教育安全管理主体与责任

一、实践基地在劳动教育安全管理中的主体责任

（一）保障学生劳动教育安全有序开展

劳动教育实践基地必须为学生提供必要的安全保障，这不仅是开展劳动教育的前提基础、重要支撑，而且对学生树立科学的劳动观念，形成"生命至上，安全第一"的理念，具备初步的安全素质具有重要意义。在对学生开展劳动教育期间，实践基地有责任也有义务保障学生在劳动教育前期、中期、后期三个阶段全过程的身心安全，将安全原则与教学原则并重，避免意外事故的发生。劳动教育实践基地在配备教师开展劳动教育的同时还要配备专业人员辅助，保障学生的劳动过程安全无意外。在学生劳动教育设施设备方面，要定期认真核查，一方面是对安全设施的核查，另一方面是对学生劳动设施的核查，保证硬件设施的完备，避免由于设备问题引发的安全事故。保障学生劳动教育安全有序开展，既是要保障学生在劳动教育全过程中的安全，更是要保障学生在硬件设施和软件设施等运用上的安全。

（二）推进劳动教育安全管理制度化

劳动教育实践基地有不断完善制度建设，构建长效机制，保障劳动教育实践基地规范化发展，保障学生劳动教育安全的重要职责。一方面，应规范各级各类劳动教育实践基地的规划、建设、运转、保障制度建设，加大经费投入力度，积极探索创新，建立职业院校、普通高校、地方政府、中小学相结合的协同育人新机制。另一方面，应构建劳动教育实践基地质量监测制度，在劳动教育实践基地组织管理、安全保障、目标实现、任务完成等方面制定衡量指标加强督导，推动建立劳动教育实践基地质量持续改进机制。以评促建，以评促改，以评促强，全方位保障学生的劳动教育权益和劳动教育安全。防范劳动教育实践基地娱乐化、形式化、功利化，全面确保学生劳动教育安全，提升劳动教育实践基地育人质量。①

---

① 徐海娇.实践基地：劳动教育的重要载体［J］.教育家，2019（17）：23-24.

拓展阅读2-1

××劳动实践基地安全管理制度

为认真贯彻执行基地的安全管理工作，建立有效的工作责任机制，真正做到全员参与，确保安全工作的顺利完成，结合基地的实际情况，特制定本制度。

本制度中的安全管理，包括基地设施设备、消防、用电等方面的安全管理。

第一条 设施设备安全管理

一、要坚持贯彻执行国家的职业安全标准、法律、法规，落实公司有关规定，加强安全管理，教育员工严格遵守基地安全卫生操作规程和技术标准，积极寻求降低事故发生、减少损失的办法和措施。

二、基地工作人员在办公过程中必须严格遵守安全操作规程和各项规章制度，正确使用基地各种设施设备和防护用品，积极预防事故的发生，减少和防止事故人身伤害。

三、基地责任人应将基地的设施设备安全管理工作纳入重要议事日程，有安排、有检查、有记录。

第二条 消防安全管理

一、基地负责人和工作人员都有维护公司消防安全、保护消防设施、预防火灾、报告火灾、报告火警的责任和义务。

二、基地应建立防火档案，明确公司防火的重点部位，建立灭火和应急疏散预案。

三、基地定期组织防火安全检查，对消防和安保部门提出的消防工作整改意见，认真组织落实。

第三条 用电安全管理

一、基地内使用各类设施设备时，应遵守相关的操作程序和要求，禁止违规操作以保障用电安全。

二、基地内除办公设备以外的电力设施设备的维修应由基地管理专人负责，其他公司人员不得擅自维修。

三、不得在基地内拉电线，不得擅自使用电热器具；下班时应切断设备、空调及各类电器的电源。

（三）加强基地劳动教育人员安全培训

劳动教育实践基地要担负起培训劳动教育相关人员的职责，定期开展各类形式的安全教育活动，比如防火培训，急救知识培训等，提高实践基地劳动教育相关人员的安全知识和实践知识，使他们在意外情况发生时能够第一时间采取应对措施，有效降低劳动安全事故给学生带来的伤害。另外，还要定期进行劳动安全意外事故的应急演练，不断强化相关人员的知识技能，将学生安全放在第一位。加强专任教师的劳动安全教育知识体系，在提升教师劳动安全教育教学技能的基础上，落实教师的安全管理职责，充分发挥劳动教育的"五育并举"育人理念，积极落实国家"立德树人"重要方针，保障学生在基地的整个劳动教育过程中都能安全有效地开展劳动活动。

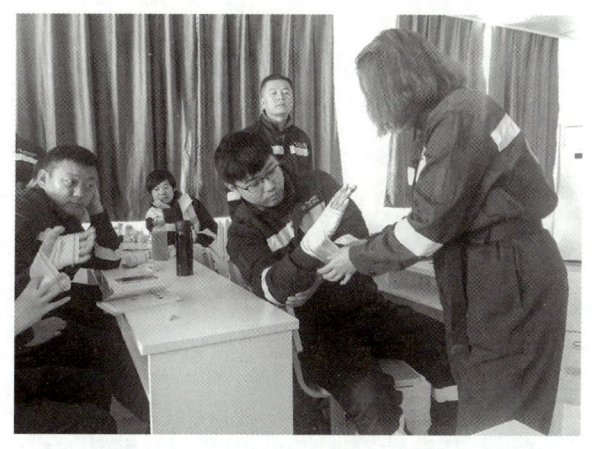

图 2-7　基地员工参加急救知识培训（图片由张会臣提供）

二、实践基地在劳动教育安全管理事故中的法律责任

劳动教育实践基地为实施劳动教育的第三人，根据《中华人民共和国民法典》第一千二百零一条规定"无民事行为能力人或者限制民事行为能力人在幼儿园、学校或者其他教育机构学习、生活期间，受到幼儿园、学校或者其他教育机构以外的第三人人身损害的，由第三人承担侵权责任；幼儿园、学校或者其他教育机构未尽到管理职责的，承担相应的补充责任。幼儿园、

学校或者其他教育机构承担补充责任后,可以向第三人追偿",其应当承担相应的法律责任。具体来说,第三人在校园实施的侵权行为,给校园内无民事行为能力或者限制民事行为能力的学生造成了人身损害的,第三人承担侵权责任,赔偿受害人;如果校方存在未尽到管理职责过失的,应当承担相应的补充责任,即在自己过失所致损失的范围内,就第三人不能承担的赔偿责任承担补充性的赔偿损失责任。校方承担了相应的补充责任之后,还可以就其损失向第三人请求追偿,其原因,也在于第三人才是真正的侵权人,对于损害的发生具有全部原因力,校方只是存在不作为的过失。

《中华人民共和国民法典》

第6节　各级各类劳动教育安全管理主体之间的联系

为保障学生劳动教育安全,需要建立学生劳动教育安全管理体系网络,系统化设计小学劳动教育安全保障措施,构建多学科融合、省市县校联动、家校社协同、高效保障的劳动安全工作格局,全面提升学生劳动素养,形成全方位支持、全社会参与的劳动安全保障组织系统。

一、坚持政府对劳动教育安全管理的统筹引领作用

(一)加强政府统筹引领

政府应当充分发挥统筹协调作用,加强对劳动教育工作的统筹协调,相关部门各司其职、通力协作,切实解决劳动教育实施过程中的重大问题,确保劳动教育的各项任务落到实处。教育部门要明确负责劳动教育工作的内设机构,加强人员配备,确保劳动教育课时。发展改革部门要支持大中小学基础设施建设,支持各类学校扩大劳动教育资源。财政部门要完善经费保障政策,加大劳动教育经费投入,支持改善劳动教育实施条件。农业农村、国资

管理、文化和旅游、体育等部门要推动所属单位提供劳动实践场所和服务。工会、共青团、妇联等群团组织要组织动员相关力量搭建活动平台，共同支持学生参加公益性和服务性劳动。

（二）加强劳动教育安全的法律保障

政府要保障劳动教育活动在法律界限范围内运行，要及时制定并健全劳动教育安全保障体系，用法治思维维护学生生命安全，提供法律保护和救济手段维护学生生命健康权。国家（政府）作为整个劳动教育安全组织系统中居绝对主导地位的管理者，需充分发挥组织、协调、控制等管理职能。明确学校劳动教育安全管理的权限，给予学校充分的自主管理权，推动学校劳动安全管理制度标准化、法治化建设。依靠政府管理的力量，统筹协调好外部力量与学校劳动教育安全的关系。地方制定和完善劳动教育安全条例或政策，制定完善本省《关于全面加强新时代大中小学劳动教育的若干措施》，明确多地方部门、社会第三方服务、社区、家庭的劳动教育安全责任，采用政策支持和鼓励的方式确立学校劳动教育安全保障的共同体。①

（三）监督落实学校劳动安全教育实施

当地教育部门应当积极贯彻教育部《大中小学劳动教育指导纲要（试行）》中的要求，在大中小学自主开设劳动教育必修课，将劳动教育作为强制性的举措落实。确立劳动教育在学校教育中的重要地位，监督学校落实好劳动教育必修课程，在劳动教育学习中培养学生劳动安全责任意识，发展学生的动手操作能力，实现学生的全面发展。教育部门应采用行政措施督促学校将劳动教育作为日常教学、期末考核评价的重要内容，除了要求学生参加学校劳动教育，还应要求他们积极参加家庭劳动教育和社区劳动教育，学生的劳动实践过程和成果，记录在学生成长档案中，严格作为学生综合素质评价的中必不可少的一项社会实践。

---

① 张晗. 小学劳动教育安全保障问题及对策研究［D］. 贵阳：贵州师范大学教育学院，2022.

劳动教育安全管理

二、加强学校劳动教育安全管理及学校与其他各方的协调

（一）依据政策要求，落实劳动教育安全管理制度

学校居于劳动教育安全保障组织系统中管理的核心地位，应该秉持以学生生命安全为首的底线思维，加强统筹领导，明确学校各职能部门的职责分工，解决好劳动教育实施过程中的安全隐患问题。劳动教育基地建设和维护是确保劳动教育活动安全的物质保障。学校需制定劳动设施设备安全管理工作规章制度，完善劳动教育安全设施建设。制定日常劳动教育安全隐患排查制度，确保专人专岗，做好劳动教育安全排查台账和档案记录，遇到严重的劳动教育安全问题，及时上报学校领导。劳动教育设施安全事故采取"谁检查、谁负责"的责任追究制，定期召开劳动教育安全后勤保障会议，汇报安全设施情况和问题，迅速汇总上报学校劳动教育安全领导小组，及时采取应对措施。完善学校劳动教育交通安全制度，认真贯彻执行《校车安全管理条例》，保证学校劳动教育活动前后的乘车安全。

（二）加强与其他劳动教育安全管理部门的工作协调

学校劳动教育安全需多方力量的协同管理。加强学校与教育局、公安局、交通局、省妇联、旅游局等部门的联系，积极引导和督促社会劳动教育实践基地的建设，积极动员社区或者家庭积极开展劳动教育安全活动。落实好各省市《中小学人身伤害事故预防与处理条例》相关规定，加强与多部门的联系，联合防范和治理学校劳动教育安全风险。①

（三）完善自身劳动教育安全配套设施建设

完善学校劳动教育活动医疗制度，配备专业的医生和常规的医疗设施、常用药品等，建立学生身体健康档案，负责学校劳动安全教育事故的预防、急救、恢复工作，督察学生参加劳动教育活动的身体状态，发现学生身体异

---

① 张晗.小学劳动教育安全保障问题及对策研究［D］.贵阳：贵州师范大学教育学院，2022.

常，及时救治处理。有校外劳动教育基地的学校，需依法配备依照国家标准设计和制造的专用校车，或者选择县级以上政府设立的校车运营单位，购买校车服务。加强学校安保人员培养和设施建设，招聘年轻、有经验的安保人员，加强安保人员的专业能力培训，配齐安保设施。对安全主管人员做好职前职后培训，实行专人专岗，加强安全主管人员专业认证。

三、巩固社会对学校劳动安全教育的支持和保障

（一）发挥社会第三方在劳动教育资源配置中的作用

图 2-8　西安新未来研学实践劳动教育基地（图片由张会臣提供）

通过国家教育部门和劳动教育相关部门制定劳动教育基地安全制度和劳动教育基地安全评定标准，规范劳动教育基地管理行为，约束劳动教育基地导师和安全人员的教育、注意、保护、监管行为，监督劳动教育基地建设符合劳动教育基地设施安全标准等，高效建立统一开放、竞争有序、安全第一、综合育人的劳动教育基地市场体系。有效遏制市场过分逐利，发挥政府这只"无形的手"的宏观调控作用，规范、引领劳动教育基地的建设。国家从劳动教育保障制度和劳动教育基地建设的安全标准上规范社会第三方服务机构的安全管理和安全硬件，并从法律法规的层面规范劳动教育基地主办方的法律

责任。地方政府出台激励措施，对促进中小学劳动教育实现"五育共举、产学研融通"的高质量发展且符合国家劳动教育基地安全、教育、校外拓展等认证标准的服务机构，给予劳动教育基地建设优惠政策；并遴选为学校劳动教育典型案例，作为本行政区划内劳动教育基地的试验田，向本省市县逐步推广劳动教育经验，打造省、市、区、校级劳动教育基地。此外，市教育局、市规划和自然资源局、市农业农村局、交通局等多部门加强对劳动教育基地的监管和评价，实行劳动教育基地清单管理制度。

（二）因地制宜开发、实施劳动教育课程

劳动教育基地秉持劳动综合育人的理念，因地制宜开发劳动教育课程，共同致力于乡村产业振兴，拓展学生农事体验，发挥乡村独特的劳动文化传承功能，实现乡村产业与学校劳动教育融合发展。根据学校教育目标，推出适宜的劳动教育课程及学科融合课程。回归生活，挖掘生态劳动产品，开发学生学农、学工、学服务的劳动教育基地和五育融合的教育文化基地。充分利用大自然这一"活教材"，树立生活即教育的教育理念，通过农耕活动，让学生出力流汗，获得肌肉记忆，懂得劳动教育安全知识、劳作技能和劳动精神，丰富感悟，提升"发现问题、分析问题和解决问题"的思维能力等。

图 2-9 学生在劳动基地体验栽种蔬菜（图片由张会臣提供）

第 2 章　劳动教育安全管理主体与责任

（三）规范第三方劳动教育服务机构的建设

基于政策的规范和引领，以学生劳动教育安全为出发点，第三方劳动教育服务机构需整合本地区的农林牧副渔等资源，充分联结青少年实践活动场所、以劳动为主体的旅游景区或农家乐、研学旅行基地，开发建设囊括农业、工业、服务业、新兴科技等多样化的劳动教育基地。依据国家户外教育基地建设标准，建设符合国家安全标准和安全规定的设备、设施等。配备专业的劳动教育导师和安全员，完善劳动教育安全管理体系，健全劳动教育安全管理制度，建立激励机制和责任追究制。加强劳动教育专业师资队伍建设，通过系统的劳动教育安全专业培训，学习安全法律法规知识，具备劳动教育安全教育与管理的专业知识与技能，获取劳动教育与管理专业技能等级证书资格认证，严格要求劳动教育从业人员必须持证上岗。明确劳动教育安全员的从业标准，必须具备安全法规知识和安全风险管控能力。

四、完善家庭在学校劳动安全教育管理中的职责

（一）加强家校社劳动教育安全管理的联结

学生劳动教育安全保障需要多方参与、共同致力于解决复杂的劳动教育安全风险，多主体协同创新劳动教育安全保障工作，能够有效应对劳动教育安全风险隐患的多变性，故围绕学生的日常生活，应积极开展家庭劳动安全教育和社区劳动教育安全活动，加强家校社劳动教育安全管理的联结。贴近生活，让学生树立"生命至上，安全第一"的劳动安全理念，具备初步的劳动安全素质和服务家庭、社会的责任意识。遵循劳动教育实践性教学的特性，将各学科知识、技能融合于家校社劳动活动中，学生经过身体力行去学习、感悟，加深学生对劳动知识的理解，熟练家社劳动技能，直观获得劳动品质、科学精神，激发学生积极生活的动力。①

---

① 张晗. 小学劳动教育安全保障问题及对策研究［D］. 贵阳：贵州师范大学教育学院，2022.

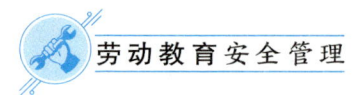

（二）多元主体引导和支持家校社劳动教育的协同发展

促进家校社劳动教育的协同发展，教育局和妇联要深入基层引导家庭支持学生的劳动安全教育，鼓励家长陪同孩子为家庭和社区发展做出力所能及的努力，让家长携手孩子争做家庭和社区的安全员和服务员。学校需积极引导家长认识家校社劳动教育的重要价值和意义，让家长观摩孩子在校劳动安全教育中成长的过程和取得的劳动成果，获得家长对家校社联动的支持和配合。基于学情以及家庭和社区发展需要，整合社区资源，调动社区安全工作岗位的一线人员或是研究人员，或通过教育局和妇联等组织邀请家庭教育、社区人文建设的专家做家社劳动安全教育讲座和指导工作，协助社区开展劳动教育安全活动课程，让社区人员同亲子合作检查家庭和社区环境的安全隐患，拟好社区安全排查计划，做好社区安全排查记录，建立社区安全排查台账。

五、强化实践基地对学校劳动教育安全的扶助效能

（一）政府加大对劳动教育实践基地的建设

企业是为了获取利益才运营，他们希望花最小的成本获得最大的利益。政府有关部门应在国家政策的引导下，为"具有增长潜力的""对当地 GDP 有着突出贡献"的劳动教育实践基地提供优惠的财政、土地、金融、信用政策。例如：支持具有发展潜力的实践教育基地联合市域内高校、中小学校等单位利用闲置物业、"三旧"改造项目等，建设总部、教育功能区或住宿功能区；预留优质实践教育基地的用地，保障其新建和扩建的需求；联合自然资源局和农业农村局共同保障基地的设施农业用地需求，并给予相应的用地减免；提供专项金融产品服务等。

（二）做好实践教育场所和环境的规划

劳动教育实践基地的类型多样，有自然景区、文化遗产地、综合实践基地、农业基地、科技工业企业、学校和科研院所等。从业者比较多样，他们在场地功能规划以及环境创建能力方面都有着较大的差别。各地方政府部门

应当建立劳动教育实践研究中心，或者指定专家团队为实践教育工作提供公益性的场地规划、建筑设计、景观设计、美术设计等基地规划设计类服务。帮助当地推动劳动教育实践基地科学设计内部功能分区和教育文化环境创设。在基地建设中，不仅需要通过课程、实践活动、管理措施来达到育人目标，还需要以优美的教育物质环境来实现育人目标。但在实际基地建设与运营过程中，基地的教育环境创设意识不强，易出现重商业氛围营造、缺教育文化氛围建设的问题。基地应树立教育环境创设意识，有针对性地设计体现基地特色的教育标语、教育标识、教育图片、教育雕塑，以提升基地的教育环境氛围，突显基地教育文化精神内核建设，由内而外打造"文化基地"。

（三）加强实践教育基地的内部管理

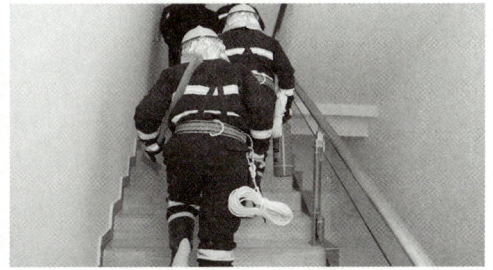

图 2-10　劳动基地消防演练（图片由张会臣提供）

在建设劳动教育实践基地的安全设施方面，必须遵循国家相关规定，确保基地的安全性。在建设过程中和建设结束后联系第三方安全评估机构进行严格评估。在研学过程中安排专人进行安全监督。另外，加强社会实践基地的安全第一意识，健全安全管理制度，完善突发事件应急预案，加强师生安全教育，进一步强化消防、交通、食品卫生和实践项目的安全工作，确保学生社会实践活动的顺利进行。[①]每周均要对活动场地、设施、器材进行检查和维护，并设置必要的安全警示标志，开展活动时要有相关安全保障措施和防护设施，防止意外事故发生。食堂设施和卫生标准须符合食品卫生监督部门的有关规定，操作人员应取得健康证明，并持证上岗。要严格执行食品采购索证索票、进货查验和台账记录制度以及食品贮存、加工制度。要配备取得

[①] 张晗. 小学劳动教育安全保障问题及对策研究[D]. 贵阳：贵州师范大学教育学院，2022.

执业医师或护士执业资格的专职医务人员,有单独的医务室和必要的医疗用品,遇有急诊或伤害事故,有应急措施。要加强宿舍用火、用电管理,防止火灾事故发生。

思考与练习

1. 劳动教育安全管理主体有哪些?
2. 学校在劳动教育安全管理中的主体责任有哪些?
3. 家庭是否在劳动教育安全管理中承担责任?需要承担哪些法律责任?
4. 简述各级各类劳动教育安全管理主体之间的联系和区别。

第 3 章
劳动教育安全管理内容

本章导读

本章首先阐明了劳动教育安全教育对象和方式；接着主要介绍了劳动教育安全风险的识别、评估与应对，并详细说明了风险识别的内涵、原则、类型等；然后从政府、社会、学校、实践基地、家长及学生等层面阐述了劳动教育过程安全防范的措施；最后分析了劳动教育安全事故处理，包括处理原则、应急处理机制、常见安全事故处理等。

学习目标

通过学习了解劳动教育安全教育的对象、方式；结合劳动教育实践活动，熟悉劳动教育过程中的风险类别，学会识别风险；掌握风险评估、应对及处置的方法，在劳动教育过程中做好防范，当劳动教育安全事故发生后，能够采取有效措施。

思维导图

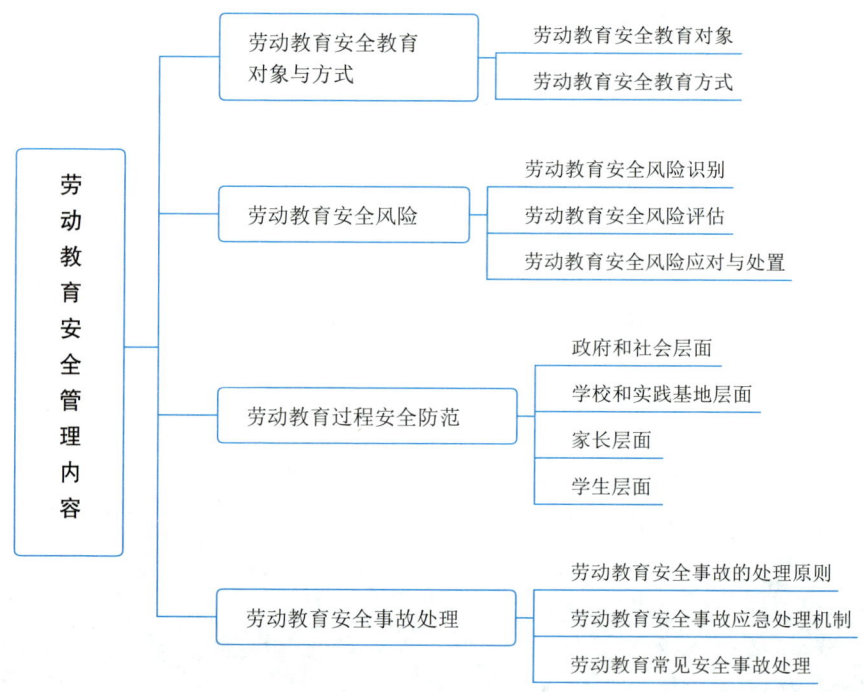

第1节　劳动教育安全教育对象与方式

劳动教育活动具有复杂性，这是由劳动教育的内容和对象决定的。因此，在安全教育的过程中，需要充分考虑对象的多元化和方式的多样化，从不同主体的职责入手，通过多种安全教育方式，提升参与者的安全意识和安全防范能力。

一、劳动教育安全教育对象

保障学生劳动活动安全是实施劳动教育的基本前提，是以"五育融合"保障学生实现全面发展，加快建设高质量教育体系的必然要求。劳动教育的复杂性和实践性决定了其方式和内容的多样性，因此，建立安全教育和管理并重的劳动教育安全保障体系成为劳动教育效果的保障。为保障劳动教育活动的安全性，需要对学校、实践基地、家庭等实施劳动教育的相关主体进行安全知识普及和培训。根据主体的角色和职责，劳动教育的安全教育对象主要包括学生、教师、家长和组织管理者。

（一）学生

学生是劳动教育的主体，也是安全教育的重点对象。由于个体和外界原因，学生的安全意识薄弱，易发生各种安全事故。从个体层面来看，学生的身心发育尚未完全成熟，对潜在的不安全因素缺乏辨别能力，如在劳动教育的过程中追逐打闹、奔跑、游戏等，这些不安全行为增加了安全事故的发生率，造成自身或他人的伤害。此外，学生在劳动实践中，对操作规程和技能不熟悉、操作不规范等也成为安全事故的诱因。从外界层面来看，劳动教育的活动形式多样、环境复杂多变，一些不安全因素是不可控的，学生的劳动安全意识和能力不足，面对突发的劳动教育安全事故，缺乏自我保护的意识和能力，从而造成严重的身心伤害。学生的安全意识和能力得益于劳动教育安全知识学习和技能提升，因此，学校、家长、社会等主体需要不断提升学生的安全意识和判断劳动安全风险的能力，加强对紧急避险的行为指导，增强其有效解决劳动安全问题的能力。

（二）教师

教师是劳动教育活动的组织者、实施者和管理者，担负着事前安全示警、事中安全监管和事后救助的职责。因此，对教师进行劳动安全教育是必不可少的。一方面，通过劳动安全教育，教师能够树立劳动教育安全理念，提升安全教育和管理素养。在开展劳动教育活动前，教师能够对劳动教育中可预见的风险进行事先警示，向学生传授防险避难的知识，阻止学生做出伤害自身或他人的危险行为；在劳动教育开展的过程中，教师能够进行监督、管理，防止发生学生伤害事故；在劳动教育安全事故发生后，教师能够及时采取恰当的救助措施，防止出现二次伤害或耽误救治的情况。另一方面，教师能够切实履行好劳动教育管理和监督的职责，结合学生实际情况将劳动教育安全知识学习常态化，多维度开展劳动教育安全教学，强化实用性教学，通过多种形式强化学生劳动安全意识，使学生的劳动安全知识真正转化为劳动安全事故防范能力。

（三）家长

在"家校社协同育人"的要求下，家庭成为落实劳动教育的重要场所，家长围绕学生的日常生活开展家庭劳动教育，为劳动教育实施提供重要支持。与学校、社会劳动教育相比，家庭劳动教育的空间有限，但劳动教育资源密集，这种密集性不仅体现在空间的高密度上，还表现为时间的频繁性。复杂的劳动教育环境存在许多安全隐患，家长需要接受劳动安全教育，增强自身的劳动教育安全意识，提升安全风险识别和安全教育能力，为学生创造安全的家庭劳动教育环境。家长在劳动教育的过程中既要加强安全指导，告诉学生一些安全注意事项，又要对学生进行安全知识教育，培养学生的劳动安全意识和劳动安全素质。此外，家长在学生的劳动教育实践中加强与学校的联系，有利于构建多位一体的劳动教育安全保障机制。

图 3-1 孩子在扫地

（四）组织管理者

组织管理者是劳动教育实践活动设计的主体，在安全风险识别、应急预案编写、安全事故预防等方面起着重要作用，组织管理者的安全意识薄弱、风险防控能力低等成为劳动教育安全的风险点。按照劳动教育场所的不同，组织管理者一般分为校内的组织管理者和校外的管理者。由于劳动教育方式的多样性、环境的复杂性、对象的特殊性，必须对组织管理者进行劳动安全教育，使其了解劳动教育的重要价值和潜在风险，加强劳动教育安全理论知识学习，落实安全管理制度，提升劳动安全事故预防和处理能力。通过劳动安全教育，组织管理者能够结合劳动教育实践活动，确定劳动教育活动中的风险清单，做好安全风险排查台账，制定严密的劳动教育安全活动方案，在安全事故发生后，根据事故处理流程，第一时间做出反应，妥善处理事故问题。

二、劳动教育安全教育方式

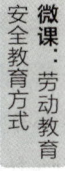

（一）课堂型安全教育

课堂型安全教育是最常见的一种安全教育方式，学校将安全教育融入课堂教育体系，从劳动教育实践出发，将劳动教育中可能遇到的各类安全问题作为课程内容，为师生提供预防和应对安全事故最有效的知识、方法和技能。劳动教育主体通过课程学习增强劳动安全意识，提升预防和应对安全事故的能力。

课堂型安全教育方式通过完整的课程体系向劳动教育主体传授系统化的知识，学校能够制定安全课程实施、管理和考核的相关制度，并且可以通过开课、评课等方式，提供及时的课堂反馈，改进教学方案，丰富安全教育内容。此外，安全教育课堂还可以由校外的消防员及安全领域的专家作为授课教师，安全教育的知识和技能更具有科学性、权威性。课堂型安全教育方式较少受时间和空间的限制，但其也具有一定的弊端。首先，课堂型安全教育需要在一段持续的时间内才能发挥作用，而安全教育授课时间被严重挤压，安全教育知识难以形成体系。其次，由于主客观条件的限制，安全教育往往只是知识的普及和灌输，忽视了学生的实践体验，学生无法真正体会劳动安全教育的重要性。最后，安全教育知识和技能的传授面向不同的劳动教育主体，课堂型安全教育方式无法根据受教育群体的身心发展特点和兴趣调整课堂内容和形式，统一的评价标准也具有局限性。

（二）宣传型安全教育

以课堂教育为主阵地并不意味着将安全教育局限于课堂之中，而是要进一步突破课堂束缚，探索新方法、新路径、新模式，不断提高安全教育的时效性。宣传型安全教育是以学生喜闻乐见的、多元化的宣传方式扩大安全教育的影响力，如标语、主题海报、知识竞赛等方式，通过宣传活动促使学生关注安全教育知识，提升安全素养。按照宣传活动的时间不同，可以将其分为两类：一是依托某些特殊节点开展的宣传，比如"消防日"和"交通安全日"等，在这些特定的时间点开展普及型宣传教育，能够引起师生广泛的关注，取得良好的宣传效果；二是常规化的宣传，通过多元化的宣传载体和方式，普及劳动安全教育知识。

宣传型安全教育方式以多样化活动形式激发学生学习的兴趣，学生可以自由选择学习在日常生活中可能用到的安全教育知识和技能，更加具有灵活性，且这种方式能够在潜移默化中强化学生头脑中的安全教育知识，不需要占用太多学生正常的学习时间。但值得注意的是，这种安全教育方式具有自身的局限性，一是其没有固定的时间和内容，知识体系零散，学习效果无法得到保障；二是缺少专业老师的指导和讲解，学生的理解和接受力有限，在劳动教育的过程中容易出现理解偏差或知识性错误，从而造成安全事故的发生；三是这种安全教育的学习效果无法进行量化评价，很难在此基础上进行改进和创新。

（三）体验型安全教育

体验型安全教育是指根据学生的认知规律和特点，通过情境创设、情境再现、现场观摩等方式开展体验型教学活动。在教学中，可以由教育者通过播放影像资料或者邀请当事人现身说案，使安全教育对象对安全风险、安全事故有更为直接、深刻的体会。除此之外，学校可以组织师生以小组形式，将观看的或收听的安全事件进行模拟再现，创设问题情境或安全隐患，将自身代入情境中，从而通过角色扮演的方式思考、体会安全事故的危害性和安全教育的重要性，以达到安全教育的目的。学校在进行课堂教育之外，还应尝试开展形式多样、内容丰富的体验型课外安全教育实践活动。

图 3-2　水稻收割前进行安全讲解

体验型安全教育方式作为课堂型安全教育方式的补充，以新奇、有趣的活动形式呈现或再现教学内容，激发学生学习兴趣，避免了单调枯燥的知识灌输。学生通过对话和交流的互动方式，在情境感知或角色扮演中理解并建构安全教育知识，发展预防和处理劳动安全事故的能力。体验型安全教育的形式多样，但同样需要明确的教学目标、规范的教学程序、科学的教学内容，且活动安排和情境创设需要符合学生认知规律和特点，使学生通过活动能够真正有所收获，这对教学者的能力具有较高要求，有些教师的能力不能满足"体验式教学"的要求。此外，有些知识不能通过体验式学习获得，体验有时会带来错误认识。

（四）演练型安全教育

演练型安全教育是指学校及相关单位根据应急预案，模拟应对突发安全事件的教学活动。演练型安全教育旨在通过有组织、有计划、有目的的模拟实践活动，增强学生劳动安全意识，提高防范劳动安全事故发生的技能，降低劳动事故发生时的人财物损害。演练型安全教育的内容侧重于劳动安全事故发生时的应急反应能力和自防自救保护能力，在演练的过程中，尽量做到突发性、仿真度高，通过尽可能模拟真实场景，提高学生和相关管理工作人员处理紧急安全事故的应急能力。

演练型安全教育方式通过模拟真实情境提升安全教育对象的事故防范和处理能力，具有真实性的优点，但与其他安全教育方式相比，具有明显的局限性。演练型安全教育方式的适用范围有限，常见的劳动教育安全事故不同于地震、火灾等，其呈现形式多样，诱因复杂，很多安全事故不适合大规模的演练。演练型安全教育还需要耗费大量人力、物力、财力，程序复杂，活动之前需要编制应急预案，进行风险评估，考虑学生的安全问题，活动中需要做好监督和管理，避免出现意外伤害。此外，演练型安全教育的效果无法评估，如果安全教育对象积极性不高，缺乏劳动安全意识，安全演练活动易流于形式。

（五）实践型安全教育

实践型安全教育指在劳动教育过程中进行的安全教育活动，这种安全教育与劳动教育活动同时进行。在劳动教育活动开展前，教师或组织管理者专门讲解劳动活动的风险和注意事项；在劳动教育活动过程中，他们关注学生的劳动实践，通过适时的指导降低安全事故的发生概率，保障学生劳动安全；活动结束后，教师或管理者总结劳动教育活动的风险点，进一步强化学生的劳动安全意识。

实践型安全教育方式强调实时性和针对性,教师或组织管理者能够根据劳动活动的性质和特点,有针对性地进行相对应的安全教育,增强学生的劳动安全意识,及时纠正学生的不安全行为习惯。但由于教师和组织管理者的时间和精力有限,不可能对每个学生进行一对一指导,因此,这种方式适用于小群体的劳动安全教育。此外,教师或组织管理者在劳动教育活动中若干预过多,会使学生缺乏自主性和深入思考,可能导致安全教育效果并不显著。

第 2 节 劳动教育安全风险

劳动教育的过程中存在各类安全风险,一些潜在的风险可能成为重大安全隐患,引发安全事故。对风险进行识别、评估、排查和控制等管理工作是降低风险损失最有效的方式。

一、劳动教育安全风险识别

(一)劳动教育安全风险识别内涵

在进行风险评估之前,精准的风险识别是一项重要工作。安全风险识别是指在风险事故发生前通过资料收集及现场调查等方式找出风险源以及引发风险的潜在原因。劳动教育的安全风险识别旨在明确安全隐患的来源,组织管理者可以根据自身的能力和对目标对象的了解,对尚未发生的、客观存在着的风险进行搜索和概率测算,然后探寻引发风险事故的潜在因素和有直接干系的原因,为后续精准的风险评估、风险监控和风险排查奠定基础。

(二)劳动教育安全风险识别原则

1. 全面性

风险识别需要全面客观反映劳动教育中存在的风险因素,避免由于主观判断造成遗漏或错判，从而导致风险识别要素缺失。劳动教育中的风险包括显性和隐性的风险因素，显性风险的识别相对较容易，但隐性风险往往会造成更严重的后果，这就要求组织管理者不断提升风险判断和识别的能力，从细微处入手，关注劳动教育过程中的人、物、管理等方面的风险因素，全面识别潜在的安全隐患，以免影响风险评估结果的科学性，造成劳动安全事故。

2. 系统性

风险因素存在于劳动教育安全管理的多方面，风险识别不仅仅是关注某一方面的风险因素，还要在多因素相互关联的系统环境中，识别出潜在的风险点。因此，在风险识别的过程中不能停留在某一局部或区域上，而是要遵循系统性原则，统筹考虑劳动教育参与各方的安全管理、服务工作流程各种类型的风险。具体而言，就是将劳动教育安全管理视为一个整体，应用科学的方法对构成系统的各个要素进行全面的分析，从与劳动教育相关的人、物、环境等方面进行识别，揭示不同风险因素之间的关联性。

3. 精准性

精准性是劳动教育风险识别的重要原则，劳动教育风险的范围很广，风险的识别往往需要在一个复杂的系统中完成，许多风险源是多种因素导致的，在风险识别的过程中可能会出现多种因素交叉或重叠的情况，这往往会干扰风险的识别，找不到最核心和关键的风险因素，影响后续的指标构建、风险监测和风险防范。因此，在安全风险识别的过程中要遵循精准性这一原则，通过剖析风险源，逐层进行排查，可通过正向查找或逆向推理的方式明确风险因素，直至找到核心的风险因素，完成风险识别的工作。

（三）劳动教育安全风险识别类型

1. 人的风险

人的风险分为三类：学生、组织管理者和社会人员。

（1）学生。学生作为劳动教育的对象，在活动中具有一定的风险性，这种风险性主要体现在主观和客观因素两方面：主观因素包括个体的安全意识、安全素养和安全行为等，受认知水平和自我保护能力的限制，未成年学生的安全意识薄弱，对风险的预见性不足，一些违规的不安全行为极易对自身或他人造成伤害。影响风险的客观因素包括学生的体质、疾病等，一些学生是过敏体质或有既往病史，体质不适合参与劳动教育活动，遇到一定诱因后会导致突发疾病或其他意外伤亡。与学生相关的风险因素具有极大的不确定性，因此，学校和管理者在风险识别的过程中，必须关注学生个体潜在的风险因素，了解学生，针对各种潜在风险，做好全面的应对方案。

（2）组织管理者。组织管理者履行安全管理的职责，其自身也可能存在安全风险。首先，组织管理者在劳动教育安全管理中的身体素质、思想认识、职业道德、安全意识和应急能力等都会影响劳动教育活动安全，例如：组织管理者在劳动过程中出现身体或心理不适的状况，导致不能正常履行安全管理职责；其次，组织管理者对劳动教育安全认识不到位、安全意识不强，对学生疏于管理；最后，组织管理者对劳动教育内容和过程不熟悉，选择的劳动教育内容不适合学生发展阶段，面对安全事故又缺乏应对能力等。因此，在劳动教育开展前，学校或实践基地需要对组织管理者本身做好风险识别，梳理可能存在的风险点。

（3）社会人员。除学生自身、组织管理者外，社会人员也会带来安全风险。劳动基地一般是社会的开放场所，人员密集，流动性大，且人员结构复杂，在劳动教育的过程中，社会人员可能会有意或无意地对学生造成伤害。学校和劳动基地管理者需要对劳动教育的环境进行严格把关，尽量避开人员密集的社会场所，同时，对可能存在的风险做好识别，以应对突发事件的发生。

案例3-1

学生李某参加学校组织的10分钟晨间劳动，被安排在室外擦窗。擦完窗，李某下地时踏在某建筑装潢工程公司停放在窗外的翻斗车上，致使装满大理石的翻斗车倾斜，压到李某右手中指。学校立即将其送到医院治疗。后因手指坏死李某被截去末节指。事故发生后，双方因赔偿数额协商不成，受伤学生家长将学校和建筑装潢工程公司告上法庭。学校辩称：学生发生的事故属意外事件，学校并无责任，但出于人道主义考虑，除支付了学生治疗费、出租车费等外，愿再补偿营养费3000元，一次性伤残补助费3000元，对要求巨额赔偿的诉讼请求不予同意。

劳动教育安全管理

建筑装潢工程公司辩称：公司将翻斗车停靠在车棚无人走动的地方，是李某踏上翻斗车，致该车前倾压伤其手。出于人道主义考虑，公司愿补偿李某 5000 元。

一审法院经审理认为：学生在学校参加劳动时踏上翻斗车致手指压断而截指，学校应承担民事赔偿责任；建筑装潢工程公司由于车辆停放不当而造成原告伤残，同样负有过错责任，亦应承担相应的民事赔偿责任。至于赔偿数额的确定，应根据李某受伤后所造成的直接经济损失及医疗鉴定部门的意见合理确定。二审法院经审理认为，李某在校参加劳动，被建筑装潢工程公司停放的翻斗车压断手指而截指，学校和该公司负有不可推卸的责任；一审法院根据李某受伤后的直接经济损失及法医鉴定结论，对赔偿数额的确定并无不当。

在本案例中，李某发生事故时不到 10 岁，系无民事行为能力人，在校期间，学校应对其安全负责。学校在安排劳动时，因教师疏于管理，客观上使学生的事故发生成为可能。教室的窗户外，并非施工场所，而建筑装潢工程公司将装满建筑材料的翻斗车停放于此，属不当停车，客观上为李某发生事故创造了条件。所以两者在行为上都有过错，对事故的发生均负有责任，应该对李某承担民事赔偿责任。

2. 场地的风险

劳动教育场地是影响劳动教育安全的重要因素，其中主要包括场地规模、劳动活动主要分布范围情况、场地周边情况、场地主要安全设施、临时应急设施、经营设施设备及分布、场地安检措施、场地所处地理位置等。

（1）场地规模。专门的劳动教育实践场地能够容纳一定数量的学生参加实践活动，场地内有可供学生集中教学、体验和休整的场所，功能齐全、布局合理。如果实践场地的容纳量不足，学生活动空间受限，在活动过程中可能会存在一些安全隐患。在选择劳动教育实践基地时，需要根据学生的数量和需求对基地进行考察，识别可能存在的风险。

（2）场地安全保障设施。劳动教育场所的安全保障设施服务能力与运行情况对活动的安全同样具有重要影响，其中主要包括消防设施、监控设施、应急设施等安全保障设施。劳动教育的过程中，组织管理者需要定期检查安全保障设施，对潜在的安全风险进行识别与评估，依据风险清单进行整改。

图 3-3　劳动基地的消防设施（图片由张会臣提供）

图 3-4　劳动基地的监控设施（图片由张会臣提供）

（3）场地周边情况。劳动教育场地周边情况包括一些周边建筑、商业密度、加油站、危险化学物品仓库、河流、桥梁等。劳动教育活动的安全不仅受活动本身的影响，外在环境的状态或变化也会对活动安全造成影响，场所周边的环境越复杂，存在的安全风险也越多。例如：周边建筑情况会对场地紧急疏散造成影响，位于河流周边的劳动教育场所会使学生存在溺水的风险等。因此，对场所周边情况的风险识别是保障劳动教育安全的重要环节。

案例3-2

学生田某和同学在班主任的安排下到学校图书综合楼四楼电视播音室打扫卫生。在此过程中，田某翻越护栏到悬空设置的人工草坪处。因人工草坪护板断裂，田某坠入二楼地面，致全身多处骨折。田某受伤后，在医院住院治疗47天，住院期间支出医药费90 846.51元（学校已经支付 37 000 元）。出院后，田某继续接受门诊治疗，另支出医疗费 1110.32 元。事发后田某家长将学校诉至法院。法院委托司法鉴定所对田某所受伤害进行鉴定，司法鉴定所出具的鉴定意见为：田某牙齿缺失 16 枚，已构成人身损害八级伤残，受伤后需护理期限为 12 周，需营养期限为 16 周。

法院认为，限制民事行为能力人在学校或者其他教育机构学习、生活期间受到人身损害，学校或其他教育机构未尽到教育、管理职责的，应当承担责任。

在本案例中，学校在安排学生劳动时，对参加劳动的学生疏于安全管理，在悬空设置的人工草坪等危险地带未设置警示标志，因而存在过错，对田某摔倒受伤的损害后果应承担主要的赔偿责任。田某受伤时已满 16 周岁，应当认知翻越护栏到危险地带所面临的风险，故其对损害后果的发生应承担相应的次要责任。

3. 活动的风险

劳动教育活动的类型与性质会在一定程度上影响劳动教育安全，一些劳动活动本身具有风险性，在工具使用、实践操作等方面具有较高要求，如果学生缺少相关的培训和实践，在活动中会存在安全隐患。此外，部分劳动教育活动设计不合理，不符合学生的身心发展特点，学生缺乏劳动活动所需的经验和能力，在活动过程中会存在一定的风险。

案例3-3

小刚是某小学一年级的学生，某日下午，班主任布置学生打扫教室卫生，安排小刚所在小组负责擦教室的窗户，然后自己去参加学校召开的会议。小刚在擦窗户时，不慎从窗台上摔下来，造成左肩骨折。

在本案例中，小刚是无民事行为能力的低年级学生，老师安排小刚等学生独立从事擦窗户这一具有一定危险性的劳动，且并未采取必要的安全防范措施，是不恰当的。在本次事故中学校未尽到对学生的教育管理保护义务，存在过错，应承担小刚受伤的损失。学校和老师组织学生参加集体劳动及其他活动时，应在可预见范围内采取必要的安全防范措施，并应注意活动内容要符合学生的生理特点，不得安排未成年学生从事不宜参加的劳动或其他活动。

4. 组织管理的风险

良好的组织管理是劳动教育活动顺利进行的前提，但由于劳动教育对象、内容、过程等方面具有复杂性和不确定性，相应的组织管理活动具有一定的风险性。

（1）规章制度风险。在劳动教育实施前，需要制定详细的活动方案、实践手册或规范，明确劳动场所注意事项、劳动设施设备和劳动流程等。一些学校或劳动教育实践基地的规章制度不完善，一是没有制定活动方案或内容同质化严重，流于形式；二是没有针对劳动教育活动制定详细、完善的管理制度，规章制度缺乏可执行性和可操作性；三是协调机制和责任机制不完善，在执行的过程中，相关责任主体权责模糊，相互推诿责任，导致有章难循、有章难守。

（2）应急预案风险。劳动教育活动的策划及方案不可能完全预测活动进行时所发生的状况，这就要求组织管理者在劳动活动进行前制定相应的应急预案，但关于应急预案，存在两方面的风险：其一，应急预案缺乏针对性与

图 3-5　劳动基地应急救援（图片由张会臣提供）

可操作性，致使保障机制不完善；其二，应急预案需要定时更新，针对应急预案开展专项安全教育和应急演练，但一些劳动教育场所的应急预案成为摆设，只是为了应付检查，一旦发生劳动教育安全事故则无力应对。

（3）应急救援风险。当劳动教育安全事故发生时，必须有专业的应急救援，将伤害的程度降到最低。一些学校和劳动教育基地缺乏事前的准备与培训，组织管理者应急能力不足，缺乏必备的事故救援物资，且未配备经过专业救援训练的安全员，在遭遇突发事件时，往往出现事故救援不及时、救援资源（人员、物资等）不到位的情况，导致悲剧发生。

5. 环境的风险

劳动教育环境对劳动教育活动具有支持、引导、检验的重要作用，环境受多重复杂因素交织的影响，具有极大的不确定性。由此，不同的劳动教育环境具有多种潜在的风险：一是生活环境存在风险。劳动教育场所要求提供可供学生集中劳动、学习、体验、休息、饮食的场馆、场地。因此，劳动场所的生活环境必须是安全的，休息、饮水、餐饮、卫生等必须符合标准。一些劳动教育场所为了节约成本，饮用水水质不达标，食材以次充好，且消防、电器、卫生等设施设备不符合安全规定和环保标准，导致学生出现过敏、食物中毒等安全事故。二是人文环境存在风险。劳动教育场所人员密集，治安管理较差，一些偷盗抢劫的事件发生，极易对学生造成伤害。三是自然环境

图3-6 驻留营地期间遭遇台风

存在风险。劳动教育活动大多在室外进行，在劳动过程中，存在被太阳紫外线晒伤、被植物割伤、被蛇虫鼠蚁咬伤等诸多安全突发情况，使学生的身心健康受到威胁。此外，由于未提前了解天气情况，劳动活动中潜伏着未了解的极端天气和不可预测的地质灾害（地震等）危险，驻留营地期间遭遇雨雪、雷电、大风等恶劣天气，火灾酷热、寒冷等极端天气，这些风险都成为劳动教育安全管理的安全隐患。

6. 交通的风险

劳动教育实践基地一般位置较为偏远，交通工具和交通路线的选择成为需要考虑的关键问题。若选择校车、大巴等交通工具，则要保证车辆本身的安全，在出行前做全面的车辆故障排查；若是乘公交车或地铁等公共交通工具，需要安排专门的管理者组织维持秩序，保障学生安全出行。当遭遇道路维修、封路、山路崎岖不平等情况时，劳动教育活动的路线选择也会增加交通安全风险。司机的素质也是需要关注的风险问题，若司机在出发前存在身心不适等健康问题，或存在疲劳驾驶、酒后驾驶、超速、抢道等违规行为，都可能造成交通安全教育事故。

（四）劳动教育安全风险识别方法

作为劳动教育安全管理的重要组成部分，风险识别是前期基础性环节。风险识别是一个持续性、系统性的过程，应该尽可能分析劳动教育活动信息，通过梳理有效识别可能会威胁劳动教育安全的潜在风险。风险识别的方法有多种，如专家调查法、情境分析法、鱼骨图法、核对表法等，见表3-1。

表3-1　风险识别方法对比

方法		优点	缺点
专家调查法	德尔菲法	能够全面地分析风险因素，避免了专家之间的互相影响，能集思广益，做出比较全面的预测	过程比较复杂，需要花费大量的时间和精力，结果的权威性受专家数量影响
	头脑风暴法	能够在短时间内想出大量的风险因素，专家之间相互启迪，使预测结果更准确全面	易受个人的情感影响，带有一定的主观色彩

续表

方法	优点	缺点
情境分析法	借助于一定的手段对问题进行系统化分析，能够得出比较精确的模拟结果	数据可能具有随机性，对分析者开发现实情境的能力有较高要求
鱼骨图法	层次分明，条理清楚，对于分析"根本原因"简洁实用	不适用极端复杂、因果关系复杂的问题分析
核对表法	能够较快识别风险因素	依赖往期资料，受制于活动的可比性
故障树分析法	层次分明、逻辑清晰，可以周密考虑各种因素	使用方法有限，操作过程复杂

拓展阅读3-1

德尔菲法（Delphi Method）是在20世纪40年代由O.赫尔姆和N·达尔克首创，经过T.J.戈登和兰德公司进一步发展而成的。德尔菲这一名称起源于古希腊有关太阳神阿波罗的神话。传说中阿波罗具有预见未来的能力。因此，这种预测方法被命名为德尔菲法。1946年，兰德公司首次用这种方法来进行预测，后来该方法被迅速广泛采用。

头脑风暴法（Brain-storming），由美国BBDO广告公司的亚历克斯·奥斯本首创，该方法主要由价值工程工作小组人员在正常融洽和不受任何限制的气氛中以会议形式进行讨论、座谈，打破常规，积极思考，畅所欲言，充分发表看法。头脑风暴法出自"头脑风暴"一词。所谓头脑风暴（Brain-storming），最早是精神病理学上的用语，针对精神病患者的精神错乱状态而言的，如今转而为无限制的自由联想和讨论，其目的在于产生新观念或激发创新设想。

鱼骨图由日本管理大师石川馨先生所发明，故又名石川图。鱼骨图是一种发现问题"根本原因"的方法，它也可以称为"Ishikawa"或者"因果图"。其特点是简洁实用、深入直观。它看上去有些像鱼骨，问题或缺陷（即后果）标在"鱼头"处。在鱼骨上长出鱼刺，上面按出现机会多

风险识别方法

第 3 章 劳动教育安全管理内容

寡列出产生问题的可能原因，有助于说明各个原因是如何影响后果的。

二、劳动教育安全风险评估

风险评估是指在风险识别和风险度量基础上，对损失频率、程度及其他因素进行综合考虑，分析风险影响，并对风险状况予以综合评价。风险评估大致可理解为对发生的或可能发生的安全事件进行评估，规范意义上的风险评估是基于客观数据资料，运用特定的评估标准对评估对象所面对的风险进行测量与分析的一个过程。风险措施的制定也必须以缜密的风险评估结果为导向。用客观的量化数值说话，为风险管理提供科学可靠的依据，进而帮助管理者合理运用有限资源，制定行之有效的措施，达到降低风险损失的目的。风险评估的过程实质上是评估事物本身的危害性及与其相关互动发生危害可能性的过程，风险评估的目的在于通过预先的评估活动，将活动危险降到最低。劳动教育安全风险评估对安全管理工作具有重要意义，为安全防范工作提供指导，同时为应急预案编写提供依据。

（一）劳动教育的安全风险评估特点

1. 科学性

安全风险评估是预测安全状态和事故发生途径的一种手段，这就要求风险评估工作必须以安全科学理论为指导，使之能真正揭示整个活动过程中风险因素存在的部位、存在的方式、安全事故发生的途径及其变化的规律，并予以准确描述，以定性定量的概念清楚地表示出来，用合乎逻辑的理论予以解释。一般来说，活动风险因素存在于活动准备、开始、结束的各个环节。为了保证风险评估的准确程度，就应该进行全面的、科学的调查分析，运用科学的、先进的理论和评估方法，将活动安全风险进行综合归类，揭示其性质、类型及后果，要对整个活动进行详细的剖析，研究系统和系统及子系统之间的相互关系，分析活动存在的主要风险因素及其相关的次要风险因素。

2. 专业性

安全风险评估具有专业性的特点，主要体现在两方面：一是风险评估的过程中要运用现代科学技术与方法，借鉴国内外相关理论和研究成果，充分发挥专家的作用，建立健全专业化标准体系。在实践中具体的标准与规范要具有鲜明的活动类特点，这种特点决定符合实际的评价手段，使其在内容上和方法上具有鲜明的特色。二是为了提高劳动教育安全风险评估的专业性和质量，风险评估工作应由专业的风险评估机构来完成，这就要求积极创造适合风险评估行业发展的市场环境，加大相关人才培养的力度，并从体制机制和政策上给予一定的支持，以鼓励风险评估行业的发展。

（二）劳动教育的安全风险评估方法

风险评估的方法主要分为两种，定性评估法和定量评估法。定性评估法是指通过界定风险源，初步人为判断风险的严重度，然后对系统风险进行评估的一种方法。而定量评估法是指在定性评估法的基础之上，对定性分析的结果进行数学方式处理，从而得到各个风险源经过量化后的指标，再合成这些指标，得出要进行评估的风险的大小和严重度。风险评估的方法有多种，如模糊综合评价、层次分析法、因子分析法、专家评审法等，见表3-2。

劳动教育安全风险评估方法

表 3-2 劳动教育安全风险评估方法

方法	内容	应用	评价
模糊综合评价	用模糊数学的方式对受多种因素制约的对象做出总体评价	解决模糊、难以量化的问题，适用于具有非确定性的问题	评价结果清晰明了
层次分析法	对多目标策略问题进行分解，并模糊量化定性指标	适用于定量数据难以描述的问题	难以通过量化校验矩阵的一致性
因子分析法	通过显示具体的因子提取潜在、抽象的少数因子的一种探索性技术	适用于多元数据分析	可做共线性分析
专家评审法	充分听取专家经验，经过多次统计、反馈和调整	适用于活动前期	方法简单，但不确定因素较多

三、劳动教育安全风险应对与处置

劳动教育活动作为一种职业劳动过程，存在一定的劳动安全风险。风险的应对和处置是劳动教育活动开展的前提和保障，如何做到风险管理与劳动教育形式多样化并重是劳动教育的基本要求。目前存在的突出问题是：

（1）组织管理者缺乏风险意识，有回避和否认风险状况的现象发生。

（2）风险管理体系不够健全，缺乏顶层设计与协调配合。

（3）尚未对劳动教育安全风险开展系统性的识别、分析和评价，缺少数据、信息和对基本规律的把握。

（4）在"风险分散管理、责任集中承担"的旧模式下，学校往往成为劳动教育安全风险的承担者。

（一）劳动教育安全风险应对方法

劳动教育安全风险应对是指劳动教育组织管理者在确定劳动教育活动中存在的风险后，分析出风险概率及风险影响程度，根据风险性质和教育对象对风险的承受能力制订规避、自留或转移风险等相应的防范计划。风险应对方法主要包括风险规避、风险自留和风险转移等。

在风险管理的过程中，对于风险的应对不是单一地只使用一种策略，针对不同等级的风险，应该对风险规避、风险自留、风险转移等多种策略进行综合性的选择，以应对风险，形成完善的风险应对管理体系。

1. 风险规避

风险规避是指考虑到某项活动存在风险的可能性较大，因而采取主动改变或放弃的策略，以避免与该项活动相关的风险发生。在风险应对的策略中，风险规避是一种较为彻底的方式。某项劳动教育活动从实施到结束的过程中存在较大威胁，造成的后果也较为严重，相关责任人无力承担该活动的风险，或用低风险的活动可以替代原有活动时，可以采用风险规避策略，通过终止活动、改变活动计划、规避风险因素等方式来实现对风险的规避，从而达到遏制风险发生的可能。当活动风险潜在威胁的可能性极大，并且会带来严重损失又无法转移或解决时，风险规避是一种最有效的方式。从应对策略的结

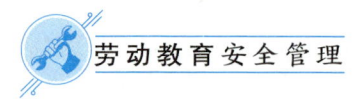

果来说，风险规避也是相对经济、安全的风险应对措施。

2. 风险自留

风险自留是指活动风险由自己承担。风险自留与其他风险对策的根本区别在于，这种风险应对方式不改变风险的客观性质，不改变风险发生的概率，也不改变潜在风险可能带来的严重损失。风险自留适用于概率小、后果较轻的事件。

风险自留分为非计划性风险自留和计划性风险自留两种类型。

非计划性风险自留主要是指风险管理人员没有意识到某些风险的存在，或者没有刻意采取有效措施应对风险，致使风险发生后留在风险管理主体内部。导致非计划性风险自留的主要原因包括缺乏风险意识、风险识别失误、风险决策延迟、风险评价失误等。事实上，风险管理人员不可能识别所有的风险，风险自留也是不可避免的，但风险管理人员应该尽可能做好风险防控，及时决策，减少失误，从而避免风险扩大。

计划性风险自留是主动的、有意识的选择，是风险管理人员经过风险识别、风险评价后做出的抉择，属于风险应对的一部分。风险自留不能单独运用，而是需要结合其他风险应对措施使用。风险自留可能会造成一定的损失，因此需要保证对重大和较大的风险已经进行了保险购买准备或实施了损失控制计划。

计划性风险自留的计划性主要体现在保险自留水平和损失支付方式两个方面。

风险自留水平是指选择哪些风险事件作为风险自留的对象。确定风险自留水平可以从风险量数值大小、费用、期望损失、成本等方面考虑，选择成本最低、损失程度最小的风险。

损失支付方式是指在风险事件发生后，对所造成的损失通过什么方式或渠道来支付。计划性风险自留应预先制订损失支付计划，常见的损失支付方式有以下几种。

（1）从现金净收入中支出

采用这种方式时，在财务上并不对自留风险做特别的安排，在损失发生后从现金净收入中支出，或将损失费用记入当期成本。实际上，非计划性风险自留通常采用的都是这种方式。因此，这种方式不能体现计划性风险自留的"计划性"。

（2）建立非基金储备

这种方式是设立了一定数量的备用金，但其用途并不是专门针对自留的风险，其他原因引起的额外费用也在其支出范围。

（3）自我保险

这种方式是设立一项专项基金(亦称自我基金)，专门用于支付自留风险所造成的损失。该基金不是一次性设立的，而是通过定期支付的方式，相当于定期支付保险费用，因此被称为自我保险。

3. 风险转移

风险转移是指设法将风险的结果连同对风险应对的权利和责任转移给另一个人或单位的一种风险处理方式。风险转移一般适用于后果严重的事件。

风险转移并不会降低风险的发生概率或减少风险的危害程度，只是将风险转移给另外一方，风险危害和损失都由另一方承担。在某种情况下，接受风险者并未意识到风险可能带来的损失，因此，风险转移会使风险增加。但风险转移对接受风险者并不是只有损失，因为风险转移者和接受者的优劣不同，对风险的承受能力也不同，在一定程度上，风险转移反而使两者双赢。风险转移的方式主要分为保险转移和非保险转移。

保险转移是指通过订立保险合同，将风险转移给保险公司（保险人）。个体在面临风险时，可以向保险人交纳一定的保险费，将风险转移。一旦预期风险发生并且造成了损失，则保险人必须在合同规定的责任范围内进行经济赔偿。通过保险转移风险是最常见的风险应对方式，也是应对劳动安全教育风险最有效的方式。但不是所有风险都可以通过保险来转移，风险的种类必须在可保范围内。非保险转移是指通过订立经济合同，将风险以及与风险有关的结果转移给别人。

（二）劳动教育安全风险控制

风险控制指风险管理者采取多种措施降低风险事件发生的可能性，或减少风险事件可能造成的损失。

1. 劳动教育安全风险控制目的

风险包含了两层含义：一是风险发生的概率；二是风险事件导致的损失。从风险和风险控制的内容考虑，风险控制的目的在于采取措施降低风险事件发生的可能性或减少风险事件造成的损失。风险控制有一定的适用范围,从风险事件的性质来看,其更适用于概率大、后果小的事件。

2. 劳动教育安全风险控制措施

劳动教育安全风险控制一方面指依据风险现状,完善相应的风险管理制度,即需要有组织、主体、机制、监督考核制度等;另一方面指依据风险状况,形成更加科学的风险管理方法和手段,进行专业的风险识别、风险评估、风险处置等,以实现劳动教育安全风险控制的目标。风险控制的措施如下:

(1)通过立法和制度设计,使劳动教育安全风险做到全覆盖。在内容上,劳动教育安全不仅要覆盖显性的方面,更要关注隐性的安全隐患;在对象上,劳动教育风险管理不仅要重视场地、环境、交通等风险,还要重视活动本身、组织管理的风险,其中包括组织管理者的素质、风险意识及风险控制能力;在机制上,除传统的线性风险管理模式外,还需要加强不同部门和主体的合作,形成劳动教育风险服务网络。

(2)劳动教育安全风险管理服务专业化。推动风险管理专业化是提高风险管理水平、规避风险的有效措施。在劳动教育的过程中,要调整原有的管理方式,建立、健全安全风险管理机制,政府、学校或实践基地需要以购买服务的方式,聘请劳动教育安全风险管理顾问,让风险管理专业机构参与风险管理和服务。

(3)风险管理多元化。学校是实施劳动教育的主体,但学校不应该成为整个劳动教育风险的承担者,一旦发生安全事故,由学校全部管理和承担损失的做法不利于其他管理者主动规避风险和提高风险管理意识。因此,在劳动教育的实施过程中,应该将政府、社会、家长等主体纳入劳动教育安全管理的机制中,增强各方风险防范意识,增强风险防控能力。

(4)利用保险机制转移风险。作为一种有效的制度安排,保险具有普适性和内外协调性,通过保险机制,不仅分散了风险,还能够在安全事故发生后降低损失程度。劳动教育涉及政府、学校、社会、家庭、实践基地等主体,因此,建立"政府、学校、社会、家庭以及实践基地共同参与的"保险机制是保障劳动教育风险控制的长久之策。

教育部在《学生伤害事故处理办法》中规定:"学校有条件的,应当依据保险法的有关规定,参加学校责任保险。教育行政部门可以根据实际情况,鼓励中小学参加学校责任保险。提倡学生自愿参加意外伤害保险。在尊重学生意愿的前提下，学校可以为学生参加意外伤害保险创造便利条件，但不得从中收取任何费用。"目前，我国主要采用的是校方责任险与家庭自愿投保的学

《学生伤害事故处理办法》

生意外伤害险相结合的商业保险的赔偿机制，转移学校的赔偿风险和补偿学生的伤害损失，是一种以事后赔偿为主的风险分散机制。除此之外，劳动教育中其他主体也应该重视相关保险制度，提倡家庭为孩子投保意外伤害险或者学生人身平安保险，社会活动场所和实践基地也应该积极投保公共责任险等，如此便可以形成较为完善的保险机制，进而保障劳动教育风险防范。

①学校责任险

学校责任险，指在学校组织的校内外教育教学活动中，因为学校及其教职员工的过失导致的学生人身伤亡事故，学校依法应当承担的全部或部分直接经济损失，通过学校投保，由保险公司负责赔偿的一种商业保险。这种保险在一定程度上化解了学校应对巨额赔偿的困境，所以目前越来越多的地方政府开始出资为当地学校购买学校责任险，但保险费用由谁支付的问题成为学校责任保险制度开展的瓶颈。

②意外伤害险

意外伤害险，指以人的身体作为保险标的，以外来的、突发的、非本意的客观事件为直接且单独的原因致使身体受到伤害而造成的死亡、残疾、医疗费用支出或暂时丧失劳动能力为给付保险金条件的保险。这种保险具有保障全面、保额可以递增、兼具意外医疗、保证续保、投保简单等特点。意外伤害险属于人身保险的业务种类，它的保险责任是规定在意外伤害范围内造成的死亡、残疾、医疗费用支出或暂时丧失劳动能力。其他原因（如疾病）导致的人身伤害不属于意外伤害的保险责任。意外伤害险的购买秉承自愿原则，适用于一切条件、具有交纳保险费能力并愿意投保的公民。

③学生平安保险

学生平安保险，指由学生或监护人支付保费，当学生生命健康受到意外伤害时，由保险公司根据保单协议予以赔偿的险种，简称学平险。学生平安保险是专为在校学生设计的带有公益性质的险种，属于人身意外伤害险的一

种，是保险公司为学生在校期间各类风险提供保障的商业险种，也是近年来我国少儿投保最普遍的一种保险。但需要注意的是，学校在组织学生购买学生平安保险时，不能强迫学生购买，也不得从中收取任何费用。在学生发生意外伤害后，学校应当协助学生向保险公司进行理赔。

④公众责任保险

公众责任保险，又称普遍责任保险或综合责任保险。它是责任保险中一项独立的、适用范围极其广泛的险种。广义的公众责任保险几乎承保所有的损害赔偿责任；狭义的公众责任保险，仅以被保险人的固定场所作为保险区域范围，主要承保企业、机关、团体、家庭、个人以及各种组织（单位）在固定的场所从事生产、经营等活动以及日常生活中由于意外事故而造成他人人身伤害或财产损失，依法应由被保险人所承担的各种经济赔偿责任。公共责任保险涉及范围广，正是出于其综合性的特征，使得这类保险赔付对象和赔偿程度都具有不可预测性，往往要参考法院审判的结论。因此，这类保险责任的不确定因素多，保险公司一般也是谨慎投保。

第3节　劳动教育过程安全防范

劳动教育具有突出的社会性和显著的实践性等特征，在劳动教育过程中存在一定的安全隐患。随着劳动教育教学环节的展开，劳动教育安全事故也时有发生，为切实保障劳动教育过程中的安全，有必要从制度层面建立起政府、学校、社会和实践基地、学生多方联动的劳动教育安全防范机制。

一、政府和社会层面

（一）建立健全劳动教育安全保障制度

劳动教育安全保障制度是劳动教育活动实施的重要条件，在劳动教育的过程中，必须有完善的制度设计作为基本保障。政府应该建立健全劳动教育安全保障制度，制定劳动教育突发事件预案制度，进一步厘清劳动教育中的安全责任落实、安全责任分担及安全事故纠纷处理等方面的机制，保证劳动教育活动"有制度可依，有据可循"。劳动教育安全防范机制涉及多方利益相关者，需要多方协同共同实施，以保证劳动教育安全管理的科学化、民主化和多元化。在多主体协同的机制中，政府处于主导地位，也应该发挥其主导作用，强化规范管理和加强监督两方面的内容。前者要求政府制定出台相应的法律法规，明确各参与主体在劳动教育安全管理中的责任和义务，落实责任到个人，保障安全管理工作的有效落实。后者则要求政府完善劳动教育安全管理的监督问责制度，吸纳劳动教育安全管理的多元主体参与监督，对安全管理落实不到位的学校实践基地或个人给予惩治。

（二）强化劳动教育安全管理的协同合作

劳动教育不是一种单纯的学生活动，更是一种教育教学方式，其范围不仅限于学校，还包括家庭、实践基地、社会场所等，劳动教育活动的复杂性、不确定性等要求多部门的协同合作。劳动教育活动由教育部门牵头，交通、公安、财政、食品药品监管等不同部门参与其中，各部门都肩负着保障学生安全的重大责任。因此，不同部门必须加强协调与合作，建立政府负责、社会协同、有关部门共同参与的安全管控机制和风险分散机制，教育主管部门应该发挥管理职能，成立专业化的风险评估和管理队伍，进行安全教育实践活动的安全风险识别，并通过规范项目审批和流程管理，指导劳动教育实践场所排查和清除安全隐患，其他相关部门则要积极配合，切实保障劳动教育的正常开展，通过构建一个安全、稳定、有序的环境，为劳动教育活动提供重要支撑。

（三）履行劳动教育风险分散管理中的社会责任

社会是劳动教育安全管理的关键主体，在风险识别、风险防控、安全管理监督等方面发挥着重要作用，因此，社会应该充分履行劳动教育风险管理中的社会责任，防范劳动教育管理中的风险。在劳动教育的过程中，要充分利用社会各方面资源，为劳动教育提供必要的安全保障。企业公司、工厂农场等组织要充分履行社会责任，开放实践场所，提供更多劳动教育资源，支持学校组织学生参加不同类型的生产性劳动、服务性劳动和公益性劳动，积极开展劳动教育安全知识普及宣传，切实保障开展劳动教育活动和场所安全，为劳动教育实践活动创造安全的环境。

二、学校和实践基地层面

（一）优化劳动教育安全课程

劳动教育安全课程是提高学生安全防范意识和防范能力的重要方式，但劳动教育安全课程的知识点呈现出碎片化、零散化的特点，尚未形成完整的知识体系，在实际的教学过程中，劳动教育安全课程的教授方式单一，学习内容不够丰富，授课的方式局限于告诫、禁止或说教等，往往难以引起学生的重视，灌输式的教学甚至使学生对安全教育知识产生抗拒，安全教育效果不明显。实质上，适用性和实用性较差的劳动教育课程尚未使安全知识转化为学生的安全意识和能力。学校和实践基地应该从劳动教育活动的实际安全需求出发，对劳动教育过程中可能出现的安全问题做出预测，同时，还应该遵循学生的身心发展特点，基于不同的安全知识需求优化劳动教育安全课程，设计出更有针对性和系统化的劳动教育安全课程。劳动教育课程的形式应该多样化，既可以设立单独的课程，又可以在其他课程中融入劳动教育安全知识。劳动教育安全课程可以在课堂上传授，也可以在实践活动中进行，采用多种课程结合的方式，可以在保证劳动教育安全知识体系完整的前提下，激发学生的学习兴趣，将学到的知识运用于实践，进一步强化安全知识。课程内容和形式调整的基本要求是保证课程的系统化，课程的系统化推进有利于全面提升学生对劳动安全教育的整体认识。学校和实践基地应该整合学校及周边可用资源，共同致力于学校劳动安全教育课程的开发和实施。

（二）提供劳动教育安全配套设施设备

劳动安全设施与学生劳动教育教学活动存在密切联系，完善的劳动教育安全配套设施极大地降低了劳动教育风险。劳动教育场所需要提供符合国家安全标准的劳动教育安全设施，具体来说，劳动教育安全设施包括劳动工具、医疗设施、交通工具、安保系统、监控设备等。首先，劳动工具的选择、更换、定期养护是确保学生在劳动过程中免受意外伤害的重要措施，劳动场所的负责人应该根据学生的身心发展规律和劳动教育活动的需求，提供符合标准的劳动工具，避免学生在使用劳动工具时受到伤害。其次，学校和实践基地需要完善劳动教育活动医疗，配备专业的医生、常规医疗设施及常用用品等，针对不同学生的身体状况，建立学生身体健康档案，时刻关注学生参加劳动教育活动时的身体状态，对于身体出现异常情况的学生，及时劝阻或救治，同时，劳动场所应该指派专人负责劳动教育安全事故的预防、急救、恢复等工作，在安全事故发生后，第一时间为受伤学生提供专业的救护措施，最大程度减少对学生的伤害。再次，若劳动场所位于离学校较远的地方，则需要依法配备依照国家标准设计和制造的专用校车，或向政府设立的校车运营单位购买正规的校车服务，对校车司机的素质和能力也需要具有较高的要求，以防在往返劳动教育场所的路途中发生交通意外。最后，劳动场所应该完善安保系统，加强对安保人员的专业认证和培训，实行专人专岗。此外，劳动教育场所还需要配备监控等安保设备，协助安全管理人员对劳动安全风险和隐患进行管理，及时制止安全事故的发生，在发生事故后，能够利用监控设备对事故发生过程进行恢复、归责和溯源。

图 3-7　劳动基地常规医疗设施（图片由张会臣提供）

（三）加强劳动教育安全知识和技能培训

在劳动教育的过程中，组织管理者的引导能够在一定程度上推进风险防控工作，减少安全事故的发生。教师作为劳动教育的主导者，对劳动教育安全管理发挥着重要作用，但从目前劳动教育的实践活动来看，不少学校和实践基地缺乏专业的劳动教师，劳动教育课程多由其他学科的教师兼任，兼任教师的安全意识和风险防控能力亟待提升，在实际的劳动教育过程中，往往存在不能给予学生有效的指导、面对安全风险难以应对等问题。不规范的劳动教育和管理行为容易对学生造成伤害，为了提高组织管理者的风险管理意识和风险应对能力，学校和实践基地应该采取各种方法加强劳动教育安全知识和技能培训。学校和各类实践基地需要做好各类培训提升教师的指导能力，在强化风险管理意识的同时，要结合各类劳动实践活动，加强教师对风险后果的把控力。此外，教师需要对劳动教育活动中的重难点进行精准感知，在对劳动教育理论和实践分析的过程中，对劳动教育活动中的风险进行科学探究，并通过必要的手段加强与学生之间的交流，指导学生循序渐进参加劳动。学校和实践基地应该培养教师的风险感知能力，使教师通过典型案例的展示和讲解，在劳动教育开展前预测可能出现的安全风险，在与学生相互交流与沟通中共同梳理风险清单，做好风险识别与评估，最终形成风险防控策略。

（四）制定劳动教育安全应急预案

劳动教育安全管理工作坚持预防前置的原则，为及时妥善处理劳动教育活动中发生的紧急事件，提高紧急事件处置的快速反应和协调能力，保证劳动教育活动正常开展，学校和实践基地需要针对劳动教育过程中可能出现的安全问题，制定劳动教育应急预案，使劳动教育教学活动安全工作程序化、规范化、日常化。应急预案的制定坚持预防为主、分级负责、快速反应的原则，模拟真实劳动安全事故场景，组织学生模拟真实劳动教育安全演练。应急预案中应该明确组织者和当事人的责任，与组织管理者签订第一责任人协议，在组织学生开展劳动教育活动过程中，组织管理者作为班级"安全第一责任人"，对学生劳动教育安全负教育、管理、保护义务。此外，应急预案中应该明确劳动教育安全应急组织机构、重点安全事故类型、安全责任人职责、应急处理、现场抢险救援、善后处理及其他安全措施等内容。当突发劳动教育安全事故发生时，要以应急预案流程为参照，立即执行应急响应程序，在场的学校领导和教师及相关工作人员立即响应，校医使用应急药品及时救治伤员，及时上报学校领导或上一级教育行政部门，学校领导小组及时应急处理，做到精准、快速、及时反应，将伤害降到最低。因此，劳动教育安全应急预案对劳动教育安全管理具有重要意义，学校和实践基地需综合考虑劳动教育活动可能发生的安全事故及解救措施，制定完善的应急预案。

拓展阅读3-2

××学校劳动安全事故应急预案

为切实做好学生参加劳动实践活动期间的安全管理工作，积极应对可能发生的重大安全事故，及时组织人员做好抢险救护工作，确保师生的生命财产安全，根据上级规定并结合本校实际，特制定本校安全应急预案。

一、安全应急组织机构

为切实加强学生参加劳动实践活动期间安全工作的组织领导，确保应急工作的顺利进行，学校成立安全应急领导小组。

组长：樊某

副组长：董某、刘某、郑某

成员：邓某、杨某、冯某、周某、黄某、各班主任、各年级组长领导小组主要职责：

（1）指挥有关老师立即到达规定岗位，采取相应的应对措施。

（2）安排老师开展相关的抢险排危或实施求救工作。

（3）根据需要对师生进行疏散，并根据事件性质，及时报请上级有关部门。

（4）根据需要对现场采取控制措施。

二、重点部位的安全事故类型

（1）劳动实践活动过程中摔伤、砸伤、碰伤等事故。

（2）劳动实践活动操作事故。

（3）其他意外伤害事故。

（4）学生参加劳动实践活动及往返途中安全事故。

三、安全责任人职责

（1）安全应急领导小组成员确保通信畅通。

（2）有关人员到岗在位负责。

（3）有关人员要认真地检查、巡视，发现隐患及时报告。

四、应急处理

1. 应急指挥

应急处理指挥由本预案应急领导小组组长总指挥，负责组织协调指挥抢险疏散，及时报 110、120 抢险中心并向上级报告有关情况。总指挥因故不在由副组长替补。

2. 现场抢险救援

（1）劳动事故现场由校长负责总指挥。

（2）现场各班主任负责做好本班学生的自我安全保护工作。

（3）通道安全的疏导由安全处负责指挥协调。

（4）发现学生在劳动实践活动中受伤或身体不适，应当立即向学校应急领导小组报告，并送学生到医务室救治。如校医、学校应急领导小组认为有必要送医院救治的，应迅速通知家长，并由家长陪同就医，若家长不能陪同的，必须由校医或有关老师陪同到医院。

3. 善后处理

事故发生以后由校应急领导小组领导及有关安全责任人员参加，除负责现场抢险外还应及时报告主管部门并积极配合上级领导做好对事故情况的调查、分析事故产生的原因、事故责任人的处理建议等工作。

五、其他安全措施

（1）由年级主任负责本年级劳动实践活动意外伤害事故发生后的应急处理工作。

（2）各班主任每次参加劳动实践活动前，应制订详细的活动计划，认真做好各项准备工作。

（3）活动前要做好三个层次的安全教育：全校集中教育（年级主任）、班主任班级教育、家长配合教育。增强学生的安全意识和自我防范能力，使他们牢固树立集体主义观念，培养他们守纪律、讲秩序的良好习惯。

（4）如开展需要车辆的活动，要选派能自觉遵守交通法规、驾驶经验丰富、技术熟练的驾驶员和车容、车况、安全性能好的车辆。

（5）一旦发生意外伤害事故，事故现场主要负责人应立即向总指挥汇报，总指挥应立即汇报教育局。总指挥应在第一时间赶赴现场，组织抢救工作，并由应急领导小组负责上报教育局。

（6）班主任应立即检查学生的受伤程度。

（7）情况严重的立即拨打120并向120详细说明学生情况和学生的位置。

（8）带队领导、班主任、跟班老师应立即组织实施力所能及和切实有效的抢救措施。

（9）及时通知家长，并告知学生的情况、已采取的措施和现送往的医院。

（10）对工作不负责任造成重大事件和不良影响的，学校将追究相关责任人的责任。

（11）所有工作人员手机必须处于开机状态，前一天必须检查手机充值状况，确保资费充裕。

（五）完善劳动教育安全保障

劳动教育安全保障指学校和实践基地提供的劳动教育全过程的条件支持和保障。首先，劳动教育安全保险是分散劳动教育安全风险的重要措施，学校应该依据不同教育阶段的学生需求和劳动教育特点挑选适销的创新型校责险产品，扩大校责险中"附加校方无过失责任保险条款"的承保范围，将学校劳动教育安全事故赔偿责任纳入其中。例如，《贵州省学校学生人身伤害事故预防与处理条例》中指出，支持各地各学校依法妥善处理学生人身伤害事故纠纷；完善校方责任险和无过失责任险，探索开发与学生劳动安全密切相关的保险产品，发挥保险在化解学校安全风险方面的积极作用；为全体学生投保校方责任险的费用，可以采取"谁办学，谁支付"的方式解决。其次，学校可以积极建立筹集劳动教育安全资金，以完善劳动教育安全保障，其内容包括劳动教育工具及劳动教育安全设备维护、劳动教育安全培训、劳动教育安全宣传、劳动教育安全基地建设等，资金的来源多元化，既包括由教育行政部门向政府申请的劳动教育专项资金，又可以由学校校友或合作的企业等提供社会公益资助。最后，有条件的学校和实

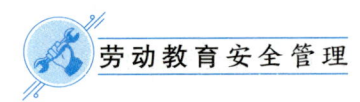

践基地可以引入专业的劳动教育安全顾问和法律顾问，为劳动教育活动提供指导，当发生安全事故的时候，能够公正处理安全事故侵权责任纠纷，发挥教育部门对学校劳动行为的动态调控作用，同时也保障相关主体的合法权益。

（六）构建劳动教育安全管理体系

学校和实践基地是劳动教育安全保障组织系统的核心，只有构建劳动教育安全管理体系，坚持以学生生命安全为第一的底线思维，才能根据劳动教育活动方案，找出各个环节存在的风险点，拟定切实可行的安全预案。例如，在春季稻田插秧劳动中，会存在蚂蟥叮咬的安全隐患，学校和实践基地在动员会上要讲清楚蚂蟥的预防，配备好酒精等消毒药品。对于一些常态化的劳动教育活动，学校和实践基地应该针对可能存在的安全隐患，定期开展演练活动，教授师生相关的安全知识和防护技能。此外，学校和实践基地需要加强统筹领导，明确各相关主体的职责分工，制定劳动教育安全隐患排查制度，确保专人专岗，做好劳动教育安全排查台账和档案记录，解决好劳动教育实施过程中的安全隐患问题。劳动教育安全事故采取"谁检查谁负责"的责任追究制度，定期召开劳动教育安全保障会议，汇报排查存在的安全问题，并及时采取应对措施，同时，还需要保证劳动教育安全管理体系中的主体多元化，将家长、劳动教育专家、社会机构等都纳入管理体系中，通过多主体参与和监督的行为，体现管理体系的科学化、专业化和民主化，进而提高劳动教育安全管理效率。

三、家长层面

（一）在日常生活中渗透劳动安全教育

在家庭教育中，很多家长忽略了劳动教育的意义，对劳动教育存在误解，简单地认为劳动教育就是做家务，不愿意指导孩子学习劳动，怕孩子浪费学习时间或在劳动的过程中受到伤害。但让孩子学会劳动，感知劳动的乐趣并体验劳动成果，能够帮助孩子树立正确的劳动观，端正劳动态度，尊重劳动，进而培养良好的劳动习惯，对孩子的成长与发展起到良好的引导作用。家长是孩子的第一任老师,因此,家长应该为孩子传递正确的劳动观念,在日常生活中不断发现新的教育内容和方式,针对孩子的个性因材施教,通过一些简单的家务劳动激发孩子的劳动兴趣和积极性。一些家长担心孩子在劳动过程出现意外,拒绝让孩子尝试任何家务劳动,家长的过度保护反而会降低孩子的抗挫折能力。为避免孩子在劳动教育活动中出现意外情况,家长需要在日常的劳动教育过程中渗透劳动安全教育,例如:在教孩子做饭的时候,为孩子讲解这类劳动的注意事项,一些常见的安全事故及防范技能,在这个过程中孩子既参与了劳动活动,又学到了劳动教育安全知识和技能,在之后的烹饪活动中会因为具有了一定的安全知识储备而做得更好,当遇到意外情况时,也能冷静应对,减少伤害和损失。

图 3-8　家长指导孩子做饭并讲解菜刀的使用方法

(二)购买劳动教育相关保险

当前,我国主要采用的是校方责任险与家庭自愿投保的学生意外伤害险相结合的商业保险的赔偿机制,转移学校的赔偿风险和补偿学生的伤害损失,是一种以事后赔偿为主的风险分散机制。在劳动教育的过程中,购买劳动教育相关保险是对学生、家庭、学校的一种保障,一些家长对保险的重要性和安全事故伤害的后果认识不足,认为孩子不会发生劳动教育安全事故,保险可有可无,因而拒绝购买劳动教育相关保险,但安全事故发生后,给家庭带来巨大的损失和伤害,家长往往难以承担伤害后果。因此,政府鼓励学校和

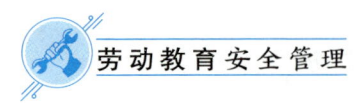

家庭为参加劳动教育的学生购买劳动教育相关保险，进一步完善学生劳动教育意外伤害保险制度，保障劳动教育正常开展。家长需要加强与学校的协同合作，根据孩子的实际需求，选择适合的保险种类，防患于未然，将劳动教育安全事故损失和伤害的程度降到最低。

四、学生层面

（一）培养劳动教育自我保护意识

在劳动教育过程中，不仅需要在学校、家庭、社会共同努力下为学生创设一个安全舒适的学习环境，还需要激发学生自我保护的意识。学生应该为自己的安全负责，认真学习安全教育知识和技能，牢固树立安全意识，从根本上提高自我保护能力。首先，风险认知是学生具备劳动安全意识的基础和前提，学生利用学会的劳动安全教育知识去识别、认识、感知劳动教育活动中的安全风险，通过这一信息加工的过程筛选所剩下来的信息就形成学生的劳动安全意识，进而结合已有的安全技能应对安全风险。其次，学生要认真学习劳动教育知识和技能，明确在劳动教育过程中的注意事项，比如说不得站在桌椅上打扫卫生、独自一人使用刀具等。如果在课堂上需要使用工具，要征求老师的同意，统一配备防护工具，必要时安排专门的教师负责指导，或在监护人的协助和保护下完成。再次，学生要了解自己的身体，知道自己是否存在某些禁忌证，比如对花粉过敏或有呼吸系统疾病等，在学校安排劳动教育任务时，根据自身身体状况，及时向老师反映情况，必要时由老师进行相应的课程调整和安排。最后，学生应该对自己的身体负责，学会在劳动教育过程中使用个人防护用品，保护身体不受伤害，同时，还需要养成良好的个人卫生习惯，不随意乱吃东西，以免引发疾病或食物中毒等。

案例3-4

何某与海某等6名学生在学校某施工遗留下的高约1.2米的土堆上玩耍，被学校值周教师施某发现，施某对6名学生进行了制止，并要求该6名学生清理土堆下的杂草，同时要求该6名学生注意安全，不得再爬土堆。施某看管学生拔草约 2 分钟后，因学校通知开会，施某随即离开现场。约 20 分钟后，海某爬上土堆从上往下滑，将在土堆下拔草的何某撞伤。何某受伤后，学校老师及时通知了家长并将其送医救治。何某伤后到医院住院治疗 10 天，被诊断为右肱骨髁上闭合性骨折。经司法鉴定为：①何某此次因故损伤评定为十级伤残。②何某此次因故损伤鉴定为轻伤。③何某此次因故损伤的后期治疗费评估为 3500 元。何某因本次事故造成各项经济损失合计 24 135.60 元，海某已向何某支付了 850 元。法院经审理最终判决，由学校赔偿何某伤后各项经济损失合计 16 712.92 元；由海某赔偿何某伤后各项经济损失合计 7162.68 元，扣除已支付的 850 元，还应由海某赔偿何某 6312.68 元。

在此案例中，学校的教师在发现何某、海某等 6 名学生在约 1.2 米高的土堆上玩耍时，已经及时制止并进行了批评教育，但并未要求学生离开土堆，而是要求学生在土堆下拔草，且老师在学生拔草的过程中因学校通知开会而离开现场，让学生处于可能发生危险但无教职人员监管的状态之中，学校未履行"必要的管理、告诫或制止"的义务是发生本案事故的重要原因，学校应对事故承担主要的赔偿责任。针对何某、海某等 6 名学生在土堆上玩耍这一具有危险性的行为，学校老师已进行制止并告诫，但海某在老师离开后仍在土堆上玩耍，从而导致何某受伤，依法应该对本次事故承担次要的赔偿责任。何某服从教师的安排在土堆下拔草，在事故中无过错，依法不应承担责任。

（二）掌握劳动教育安全自救常识

在突发事件到来时，安全自救常识对保障学生的生命安全具有至关重要的作用。每年都会有学生因交通事故、溺水事故、校园伤害事故、踩踏事故和学生斗殴等意外事件而死亡。灾难一旦发生，受灾学生的安全意识与应急避险、自救互救能力直接关系到学生生命安危和财产安全。要培养学生的防灾减灾意识和自救互救能力，使他们在面对突发灾害时能够采取正确的应对措施。第一，学生要牢牢掌握安全自救常识，提高及时发现危险、安全自救的能力。学生要对危险有清晰的认知，能够明白哪种行为会让自己陷于危险之中，并能够通过预防和及时发现防止危险的发生。第二，要掌握常见自然灾害的自救知识，能够在火灾、水灾、地震、烫伤等事件发生后，在救护人员没有到场的情况下做出及时的自救措施，比如说，在烫伤后及时用冷水冲洗伤口。第三，在灾害事件发生后，一定要调整好自己的心态，时刻保持镇静，不要惊慌失措，乱跑乱窜，首先保护好自己的安全，在教师、工作人员的指导下，有序地采取逃离、避难措施。

图 3-9 "禁止游泳"标识

（三）培养劳动教育安全行为习惯

学生的不安全行为直接增加了劳动安全事故发生的概率。劳动安全事故案例中常见的不安全行为包括：手持劳动工具相互嬉戏、相互击打、奔跑等，或是不正确使用劳动工具伤到自己或者他人，或是劳动过程中缺乏自我保护意识导致意外受伤等。以上学生的劳动不安全行为均是可控的，并非学生缺乏安全认知导致，最终仍归咎于学生劳动安全意识较差，劳动安全意识的意志力不强，不足以克服自身的不安全行为。因此，学生劳动安全意识的培养与劳动安全行为习惯的养成是相辅相成的。劳动安全行为习惯的养成是以劳动安全意识为前提的，而劳动安全意识的培养又是从培养劳动安全行为习惯开始的。良好的劳动安全习惯能够避免很多危险，好的习惯取决于良好的行为。

首先，学生需要明确生活中各个环节和各项活动的具体要求，能够在日常生活中做到保护自己，比如说，遵守交通规则、不在危险的天气外出、不下河游泳等。其次，要观察和学习生活中发生的安全事件的处理方式，在潜

第 3 章 劳动教育安全管理内容

移默化中养成劳动安全行为习惯。在学校要认真配合相关自然灾害的演习，学习相关急救知识，在多次的模拟练习中增强自救意识，自救动作、自救方法也会越来越熟练，会慢慢形成一种安全行为习惯。

第 4 节 劳动教育安全事故处理

劳动教育安全事故发生后，需要采取恰当的方法进行事故处理，这要求组织管理者在处理安全事故的过程中遵循以人为本、快速反应、有效组织的原则，按照应急处理机制的相关流程，妥善处理安全事故，维护受害者的合法权益。

一、劳动教育安全事故的处理原则

安全事故处理原则是处理劳动教育安全事故的重要依据，结合安全事故的特点，事故处理的原则主要包括：以人为本、快速反应和有效组织。

（一）以人为本

"以人为本"是贯穿劳动教育活动的基本原则，也是劳动教育安全事故处理过程中应当遵循的首要原则。"以人为本"主要是指劳动教育主体（政府、学校、社区、家庭、实践基地）在应对劳动教育安全事故时，将个体的生命安全置于首位，能够以最快的速度、最有效的措施将伤害程度降到最低。"以人为本"主要体现在三个方面：一是观念层面，组织管理者必须始终牢固树立"以人为本"的观念，并将其贯穿于劳动教育的全过程，面对安全事故，最大程度上保障人的生命安全；二是制度层面，无论是应急预案还是劳动教育场所的规章制度，必须体现"以人为本"的理念，以此彰显制度设计的人文关怀；三是行动层面，劳动教育安全事故发生后，在紧急救援、局面控制、舆情处置及善后等工作中，要遵循"以人为本"的原则，在保障生命安全的前提下，妥善处理安全事故。

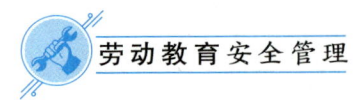

(二)快速反应

"快速反应"的原则是由劳动教育安全事故的特点决定的,劳动教育安全事故具有突发性的特点,发展速度快,如果不及时采取有效的措施,可能会引发衍生危害,甚至会对受伤者造成更严重的伤害。虽然一般安全事故表现出的衍生危害的可能性并不大,但如果推迟事故的处理,不仅会加大后期事故处理的成本,还会影响后续的劳动教育管理工作。"快速反应"主要是指劳动教育安全事故发生后,组织管理者能够根据经验快速做出反应,妥善安置受伤者,并控制事态的进一步发展。事故处理的第一要素是时间,这要求组织管理者能够在事故发生的第一时间做出正确的应急决策和反应。一些劳动教育场所安全意识淡薄,在安全事故发生后,不能在最短的时间内进行紧急救援或心理疏导,导致学生受到更多伤害,甚至酿成悲剧或造成重大损失。

(三)有效组织

"有效组织"是劳动教育安全事故处理的关键。事故发生后,管理者必须建立结构合理、多元主体参与的事故处理机构,明确各岗位的主要职责,分工合作,保证事故处理流程的畅通性。因此,为保证灵敏、有效的事故处理,必须加强事故管理队伍的建设,将劳动教育安全管理的相关主体都纳入事故处理机制,在一定程度上保证安全事故处理的科学性、有效性、公开性和民主性。一些劳动教育安全事故处理不当的重要原因在于缺乏合理的授权和分工,组织管理者临时组建事故处理队伍,队伍内的人员素质参差不齐,导致事故处理的效率不高。

二、劳动教育安全事故应急处理机制

劳动教育安全事故的发生大多具有突发性和不可预见性,在事故发生后,组织管理者既要及时救护受伤学生,又要保存现场记录和相关证据。因此,需要建立一套完善的劳动教育安全事故应急处理机制,更好地解决劳动教育过程中发生的安全事故。

（一）医疗救助

劳动教育安全事故发生后，组织管理人员要沉着、冷静应对，第一时间根据现场情况进行急救处理。事故发生的情况分为轻微的简单性创伤和严重性事故两种类型，轻微的简单性创伤可以由校医或配备的专业医护人员简单处理后进行现场观察，若为严重安全事故，应该在第一时间拨打120急救电话，立即送往医院治疗，同时，负责人要及时通知家长，陪同到医院解决问题。

（二）及时上报

劳动教育安全事故发生后，相关组织管理者应该立即上报本次活动负责人及上级领导，上级领导根据突发事件的性质和严重程度，决定是否上报教育局和相关管理部门如公安部门、消防部门、卫健委等。如有必要，活动负责人或者班主任联系相关学生家长到学校或者现场，当面告知突发事件情况，并介绍学校已经采取的措施以及需要家长配合的事项。

（三）局面控制

为防止安全事故事态进一步扩大和减少事故的损失，组织管理者应该及时控制事故现场局面，根据事件的性质决定是否继续进行劳动项目，是否有必要向其他师生进行情况通报和心理安抚。同时，需要注意保护事故现场和监控等音像资料，包括破损部件、残留物等，对于有危害性的物品，应采取不损坏原始证据的安全防护措施。所有与事故相关的物件应保持原样，不可随意挪动位置或破坏，以免影响后期的责任认定。此外，事故现场必须分派人员管理遗留问题，根据事故的实际情况考虑风险排查、了解事故现场、明确责任划分。

（四）舆情处理

劳动教育安全事故发生后，学校的各级领导及主要部门需要通过媒体、网络、广播报刊等监测收集相关舆情消息，避免出现造谣、颠倒是非、曲解抹黑或过分夸大事故严重程度等情况。舆情信息偏差较大时，主要负责人应该重点监测与收集涉及敏感时间、地点和事件的相关舆情信息，对这些信息进行分析，采取相应的干预措施，当遭遇舆情风险时及时上报上级部门协调处理。学校可以根据事态发展情形，拟定突发事件情况说明的统一文稿，确定发言人对外公布信息或接受采访，主动回应家长和社会的关切，让公众了解事故处理最新动态，接受监督的同时引导其了解事实、理性思考，控制舆情的恶意发展与传播。

拓展阅读3-3

舆情处理的基本原则

（1）第一时间原则。突发事件发生后，做到第一时间监测、收集、研判舆情发展走向，及时上报舆情动态，为应急处置提供第一手资料。

在第一时间对外发布准确信息并慎报原因，情况较为复杂的舆情信息，在事态尚未清楚但可能引起公众评议猜测或随意解读时，根据具体调查情况，再做后续详细发布，牢牢掌握信息发布的主动权、事件处理的舆论主导权。

（2）全局利益原则。在处置突发公共事件负面舆情信息时，坚持以维护政府形象和社会大局稳定为目标，把群众利益、大局利益始终放在优先位置。

（3）口径一致原则。在对外信息发布中，做到步调统一、口径一致、权威发布，避免说法不一、自相矛盾，造成于己不利的后果。

（4）疏堵结合原则。注意把握对外信息发布的分寸和节奏，尊重事实，循序渐进，充分满足公众的知情权。

正确引导和利用网络传媒，在公开透明发布信息的同时，及时删除各类可能造成重大负面影响的谣传信息。

（5）协作协调原则。充分发挥舆情处置工作领导小组团队协作、上下沟通、左右协调的作用，牢牢把握正确的舆论导向，形成强大的工作合力。

（五）善后处理

安全事故控制处理阶段的结束并不意味着安全管理工作已经完成，还需要进行安全事故的善后处理。校方在进行善后工作时，往往容易忽视事故后期的恢复和重建工作，导致事故处理的实际效果并不理想。善后处理工作是指，事故发生后，组织管理者及时消除因事故造成的影响，恢复学校正常的教学秩序和生活环境。同时，根据安全事故的性质、危害程度及损失情况，安抚、赔偿受害者家属，拟定精准的补救方案。劳动教育组织管理者需要具有负责的态度，针对受害者采取切实可行的措施，尤其需要注意对受害者和家属安抚工作，及时沟通，了解他们的诉求和建议，并且尽快确定事故责任，制定善后处理的方案。

安全事故的善后处置主要解决三个重要问题：一是受害者及其家属的安抚工作。安全事故会引起学生及周围人的紧张不安，很多人会因为伤害经历而留下心理阴影，针对这些问题行为与表现，应该进行积极干预。二是赔偿问题。负责人应该根据医院的伤势鉴定结果和安全事故情况，给予受害者及家属相应的赔偿，赔偿的标准可征求多方的意见，保证赔偿制度的科学性、公正性。三是安全事故处理的评估和完善。安全事故处理阶段结束后劳动教育组织管理者对危机事件发生的原因、伤亡情况、应急处理过程和结果等做出一系列评估，以问题解决为中心，提出技术、管理、组织机构等方面的改进意见，完善安全事故处理机制。

拓展阅读3-4

劳动教育应急事故处理

一、处理程序

（1）如遇突发事件，第一时间报告随队老师。

（2）所发生的事件在自己能够处理的范围之内的，各组长要及时联系带队老师，组织同学做好各种应急工作，采取应急措施；如果不能处理，需要相关部门处理的，要保护好现场，及时拨打110、120向有关部门求救。

（3）突发事件处理完成后，要及时向带队领导汇报处理情况。

二、具体处理方法

（一）综合实践出发前

（1）如遇恶劣天气和自然灾害不能出行，则将活动延期。

（2）如遇特殊情况，部分人员身体不适，则向带队老师汇报并履行请假手续。

（3）若有同学晕车，提前做好准备，同时了解其是否对晕车药过敏，不过敏者提前半个小时服晕车药，对晕车药过敏者，食用可以预防晕车的相关食品。

（二）综合实践途中

（1）人身安全。万一发生意外，及时向有关部门求助，如拨打110、120电话等，同时维持好现场的秩序，由各班主任负责，同时医疗抢救小组做好应急抢救工作。

（2）行车过程中，要求学生保持车内秩序，不能乱跑，不能把头或手等伸出车窗外，注意行车安全。

（三）综合实践过程中

（1）迷途及解决方法。学生在活动途中要保证不脱离队伍，维持可互相看见的原则。如若迷途，则要求先镇定精神，拨打带队老师电话，告知情况，然后停留在原地，不要乱走。

（2）摔伤、划伤。针对此类问题，承办单位准备了云南白药气雾剂、邦迪、碘酒等，若遇到紧急情况，承办单位将及时给予解决。

（节选自《汉中市第八中学劳动教育实践活动安全应急预案》）

三、劳动教育常见安全事故处理

（一）意外创伤

1. 擦伤

人体皮肤受到物体机械摩擦而发生的表皮破损称擦伤，伤后真皮并未受损。伤处可有出血、擦痕、液体渗出及表皮脱落现象，属开放性伤口。轻微的擦伤，如伤区清洁，只需涂以红药水或紫药水。较深的、污染严重的擦伤，则需用凉开水、肥皂水等清洁伤口，再涂以红药水或紫药水、抗生素软膏，然后进行包扎。但需注意的是：伤口较深、污染严重的，需在医院注射破伤风抗毒素，尤其是面部的擦伤要注意防止感染，以免遗有疤痕组织。

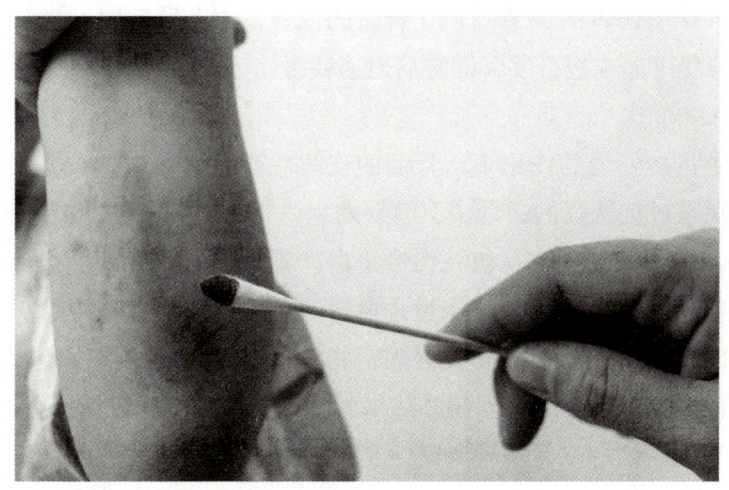

图3-10　擦伤后涂红药水

2. 划伤

学生在使用剪刀、小刀等工具时容易出现意外划伤的情况，具体处理办法是：浅的伤口用温开水或生理盐水冲洗拭干后，用碘酒与酒精消毒、止血。伤口有出血情况时，用干净的纱布按压伤口止血后，可用碘酒消毒，敷上消毒纱布，用绷带包扎。对于较深的伤口，应立即压迫止血，拨打120急救电话。

3. 扭伤

学生在劳动过程中容易出现扭伤的情况，关节扭伤后周围韧带损伤，毛细血管断裂，组织不断出血、渗液，表现为局部肿胀、疼痛，活动受限，有时伴有局部瘀血。具体处理方法包括：固定扭伤部位，尽量使被扭伤的关节松弛，用冷水袋、冰袋敷在扭伤部位；可取水温为10~15℃的清洁冷水，将受伤的部位浸泡于水中。若学生扭伤严重，无法活动，应及时送到医院接受治疗。

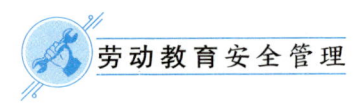

4. 脱臼

关节脱位又叫关节脱臼,是指组成关节各骨的关节面失去正常的对合关系,关节的功能丧失,一般下颌、肩、肘、髋等关节容易发生脱位。关节脱臼主要表现为关节处疼痛剧烈、关节部位出现畸形等。一旦发生关节脱臼的情况,应该让受伤者的关节固定在合适的位置,由于脱臼时间越长复位越困难,所以应尽可能在进行妥善固定后迅速就医。

5. 骨折

骨折是指在外力的作用下,骨骼的连续性或完整性遭到破坏。在剧烈运动中,特别是对抗性强的运动中,容易发生骨折。遇到发生骨折的突发情况,组织管理者应该做到:一是包扎伤口止血,骨折如果有开放性伤口或活动性出血,则应通过加压包扎进行压迫止血;二是迅速固定,通常骨折处会出现异常活动,需要通过夹板或树枝等固定物质,将骨折的肢体固定起来,从而在搬运过程中,减少局部的创伤。如果为脊柱骨折,则应进行平行人体搬运,避免造成脊髓损伤;三是迅速转运到医院,骨折的情况比较复杂,在发生骨折的第一时间应该拨打120急救电话,听从专业指导,将病人送至附近医院就诊,保证患者生命体征平稳,同时进一步治疗骨折。此外,需要注意的是,骨折的部位不同,急救的措施也会有所差异,若非接受过专业急救培训的人员,不可轻易挪动伤者,或盲目进行救治,以免造成二次伤害。

6. 烧烫伤

烫伤是指热油、沸水等高温液体、高温蒸汽或者灼热的高温金属等直接或者间接地接触皮肤时,致使皮肤发生损伤。出现烧烫伤时,立即使用冷水对创面进行冲洗。如果无法冲洗或者是浸泡时,应该使用冷敷,然后涂烧伤药物;在涂抹药物时,要注意创面保持干燥,面部出现烧烫伤时只能够暴露在外面,不能包扎。水泡破裂后应用消毒棉签蘸干,保证创面干燥。送医过程中患者或患者家属要时刻观察创伤面,同时为了避免细菌侵袭,创面可用干净敷料、布类等简单包扎,保证创面的干净和清洁。除了面积较小、程度较轻的烧烫伤外,II度、III度烧烫伤一定要及时拨打急救电话或尽快就医,不能自行处理。

咽部烫灼伤是由于误吞服烫开水或强酸、强碱溶液等造成的。如误服强酸,可用氢氧化铝凝胶、肥皂水、牛奶中和,但不能用小苏打,以免服后产

第3章 劳动教育安全管理内容

生二氧化碳，使本来已受伤的食管和胃胀破。若误服强碱，可用食醋、橘子汁、柠檬汁等中和。在灌入中和液的同时，可以灌入牛奶、鸡蛋清、植物油、面糊等流质，以保护好食管、胃的黏膜。经过以上初步处理后，应将伤员尽快送往医院治疗。

烧伤是指由于具有热力的火焰、电流、放射线、酸碱等物质直接或间接接触皮肤或者黏膜，致使表皮或皮下组织发生损伤。在发生烧伤后，对于烧伤处要用干净的纱布等进行简单的包扎；对于烧伤严重的患者要让其服用淡盐水，避免水肿；程度较轻的烧伤，要让患者用冷水冲洗，用过氧化氢（双氧水）或碘酒等进行擦拭；一旦烧伤患者有休克现象出现，要立即进行心肺复苏术；如果被硫酸、硝酸等酸性化学物质烧伤时，应该先用大量的清水进行冲洗，冲去酸性物质，减少伤害，并用碱性物质（小苏打等）中和，情况严重的要及时送医院就医。

（二）火灾

火灾是最经常、最普遍的危害公共安全的主要灾害之一，在劳动教育过程中一旦发生火灾，应该沉着应对，根据火势实情选择最佳的自救方案。若火灾发生在建筑物内，趁火势尚未蔓延到房间内时，紧闭门窗、堵塞孔隙，防止烟火窜入。若发现门、墙发热，可以用浸湿的棉被等堵封，并不断浇水，同时用湿毛巾捂住嘴、鼻，一时找不到湿毛巾可以用其他浸湿的棉织物替代。利用各种地形、设施选择各种比较安全的通道下楼，如果楼梯没有起火，或火势不大，可以用被水浸湿的毯子、棉被包裹全身后，快速从楼梯冲下去；如果从楼梯脱险已不可行，可在保障安全的前提下，利用墙外排水管下滑。发生火灾时，呼叫往往不易被发现，可以用竹竿撑起鲜亮的衣物，或通过不断向窗外投掷不易伤人的衣服等软物品等方式引起注意，获得路人的帮助。

（三）溺水

溺水也称淹溺，人体淹没于水中后，呼吸道被水、污泥、杂草等堵塞发生急性缺氧而引起急性窒息。

一旦学生发生溺水的情况，具体处理方式如下：如果溺水者浮在水面时，可将木板、竹竿等救护器材抛向水面，让溺水者抓住这些器具游上岸（船）；如果溺水者已下沉水底，应迅速潜入水中急救。若溺水者还在挣扎，抢救者应避免正面接近，可以从侧面托住溺水者的腋窝部或下颌，然后将溺水者拖带出水面，并采用仰泳法将溺水者拖上岸（船）；溺水者上岸（船）后，应清除其口、鼻中的泥沙、杂草等异物，松解衣领，以免影响呼吸；帮助溺水者将呼吸道及胃中的水吐出来，抢救者可以取俯卧位，两手把溺水者的腰部提高，使其头部下垂；如果溺水者肺、胃内的水在平躺或俯卧时难以倒出，可将其双脚朝天提起，使其肩部、头部、上肢下垂，就可将水倒出；如果溺水者呼吸、心跳微弱或已停止，应立即对溺水者进行心肺复苏术，人工呼吸应采用举臂压背人工呼吸法。采用以上几种方法抢救的同时，应始终注意溺水者的保暖情况，以减少并发症的发生。值得注意的是，不会游泳的人不可盲目下水救人，应该及时拨打求救电话，并向周围的人高声呼救，可在岸上用绳子、长竹竿、木板等投向溺水者，使其抓住，拖到岸边救起。进行水中救援的人，应观察溺水者的位置，从其后方施救，用一只手托住其颈部或从其腋下插入，握住其对侧的手，用仰泳的方式拖向岸边。

（四）踩踏

踩踏事故多发生在人员较为密集的场所，因现场存在混乱、无组织、无秩序的情况，当有人意外跌倒时，后面的人继续拥挤前行，进而引发踩踏事故。踩踏事故发生后要第一时间报警，等待救援。在医务人员到达现场前，要遵循先救重伤者的原则，抓紧时间用科学的方法开展自救和互救。判断伤者伤势是否严重的依据有：是否神志不清、呼之不应；脉搏是否急促而乏力；是否出现血压下降、瞳孔放大；有无明显外伤，是否血流不止。若伤者呼吸、心跳停止，应赶快做人工呼吸，辅之以胸外心脏按压等急救措施。

拓展阅读3-5

遭遇踩踏时如何保护自己

在拥挤的人群中抬起双臂，手肘的点对准人与人之间的缝隙，让人流的冲击分散到身体的两侧，这样做可以有效地避免在人流中摔倒，并且要保持重心稳定，不要让身体与人群的冲力对抗，保护胸腔，减少压力，减少身体的受力面。

摔倒后，如果无法起身，应快速蜷缩身体，用双臂保护头部要害及胸腔，使肱骨、肩胛骨、锁骨以及骨盆形成支撑保护脏腑，这样可以尽量避免受到致命伤害。

注意：手肘和膝盖连起，形成空腔区域，这样可以有效地防护胸腔，还可以保留足够空间获取空气。

（五）食物中毒

食物中毒是指人体在食用了被毒素、细菌污染过的食物或者本身含有一定毒素的食物后所导致的急性中毒，发病率高且起病快。

在发生食物中毒情况后，第一时间确定中毒时间。如果在中毒初期，应及时采取催吐措施，用筷子、牙刷柄刺激咽喉部位进行催吐，也可以用肥皂水进行催吐，直至将胃中的食物吐尽为止。吐完之后喝一些淡盐水或温开水，也可以补充一些生理盐水。如果食物中毒已经较长时间，症状表现也十分明显，应适当服用一些泻药，加速毒素从体内排出。若伴有腹泻的症状，要迅速补充水分。如果腹部疼痛比较剧烈，可以仰躺在床上，双膝弯曲，有助于缓解腹痛。症状稍微缓解之后，要卧床休息，前期最好不要吃东西，尽量多喝一些水，后期先吃一些流食，饮食要以清淡为主。一般食物中毒之后嘴巴会苦涩，但是要控制饮食，忌吃辛辣、凉性、有刺激性的食物。如果在催吐或者腹泻过后，出现手脚冰凉、嘴唇发青的症状，要立即平躺，以免发生休克，情况严重的要立即去医院进行治疗。如果中毒，在将中毒人员送往医院的同时，要向卫生防疫部门报备。

常见食物中毒处理方法

 **劳动教育安全管理**

思考与练习

1. 劳动教育安全教育对象包括哪些主体？安全教育的方式有哪些？

2. 劳动教育安全风险识别的原则是什么？

3. 劳动教育安全风险识别的类型和方法包括哪些？

4. 如何做好劳动教育过程的安全防范工作？

5. 劳动教育安全事故处理的流程有哪些？

参考答案

第 4 章
劳动教育安全事故救济

本章导读

本章内容包括：第一，阐述劳动教育事故的概念、发生原因以及事故发生后涉及的赔偿问题；第二，对劳动教育安全事故引发的争议类型和性质做出划分，据此总结出劳动教育安全事故引发争议的特点；第三，全面论述劳动教育安全事故发生后的归责问题，对各主体间的归责问题进行实例讲解；第四，论述劳动教育安全事故救济的概念、方式，详细描述了实现救济的各种方式；第五，分析劳动教育安全事故救济的状况并做出展望。

学习目标

通过学习了解劳动教育安全事故的概念、发生原因等；熟悉劳动教育安全事故的归责问题，及劳动教育安全事故救济的方式；掌握实现劳动教育安全事故救济的内容及路径。

思维导图

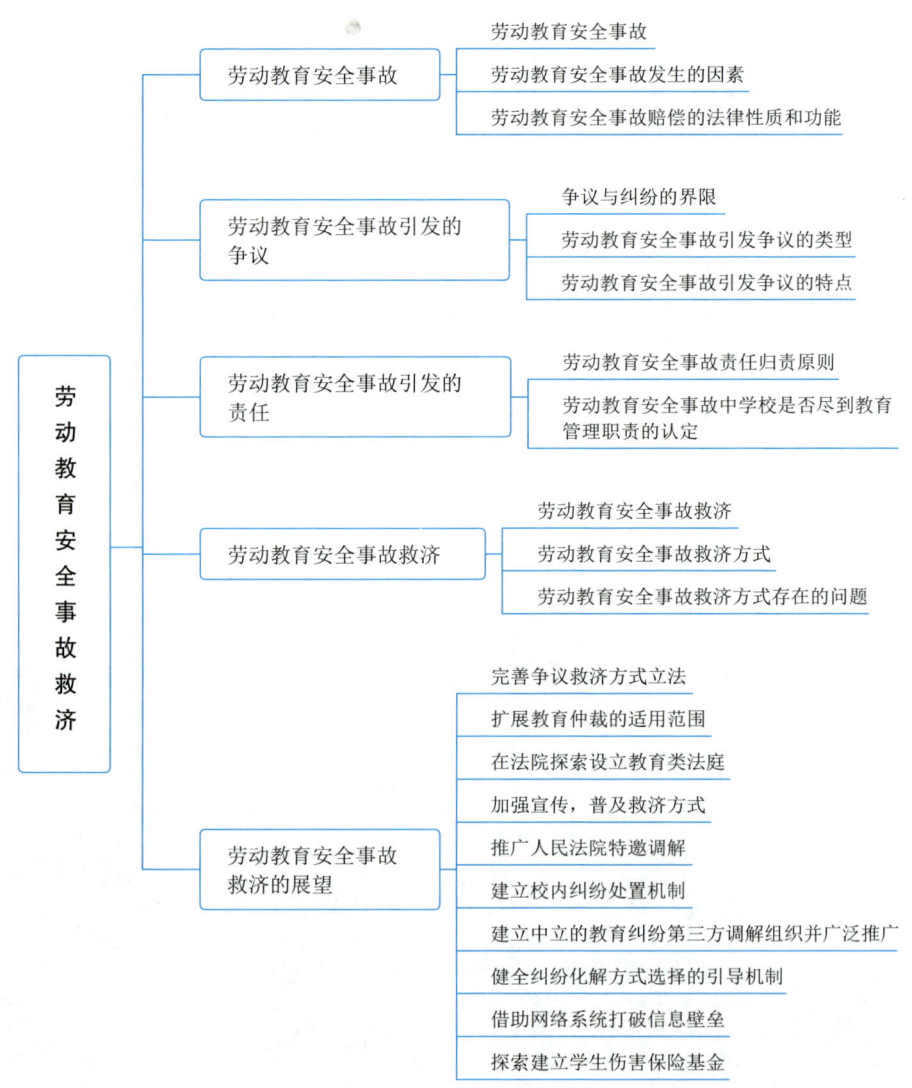

第1节　劳动教育安全事故

一、劳动教育安全事故

劳动教育安全事故指的是学生在劳动实践教育活动中，因学校未尽到教育管理职责或者发生意外等致使学生受到人身伤害的不安全事件。发生劳动教育安全事故，学生人身受到伤害，特别是未成年学生受到伤害，不仅是身体上的疼痛，更是心理上的创伤，学校若处理不当往往会引起争议纠纷。因受司法途径解决争议的效率、成本制约及公信力的影响，学生及家长往往会倾向选择私力救济，而不相信公力救济，通常采取拉条幅、冲击学校、静坐、上访甚至殴打教师等极端方式，意图获得自认为应得的所有赔偿。发生劳动教育安全事故而不选择公力救济，究其深层次原因，是因学校安全立法的不足使各救济方式之间衔接不顺畅，公力救济方式的效率与公信力严重不足所导致。这就引出在发生劳动教育安全事故时，对学生如何进行救济这一至关重要的热点问题。

二、劳动教育安全事故发生的因素

（一）法治教育不到位

青少年法治教育是一种主要针对青少年价值观、道德认识养成等活动的系统教育。其目的是通过加强青少年法治教育，使广大青少年学生从小树立法治观念，养成自觉守法、遇事找法、解决问题靠法的思维习惯和行为方式。学校是青少年法治教育的主体和主渠道，开设系统的法治教育课程是推进法治教育进程的最重要和最基本的环节。在义务教育课程体系中，以"道德与法治"为载体的法治课程具有重要地位，发挥着独特的功能，其目的不只是传播知识，更是树立理念和提升能力，旨在培养学生的规则意识、平等意识、权利意识、民主意识和一个现代公民从事公共生活所需要的基本能力和素养。

劳动教育安全事故频发的学校，往往存在法治教育规划缺失或不健全问题。年度法治教育计划缺失或不健全，以及法治教育未纳入日常教学计划并缺少监督考核机制等因素，往往易导致学校安全事故频频发生。

案例4-1

××教育机构责任纠纷（1）

三年级学生潘某按照班主任老师安排，与所在小组其他同学一道打扫教室及走廊卫生。由于在走廊拖地的同学使用过湿的拖把拖地，致使走廊积水湿滑，潘某通过走廊时与同学嬉戏打闹不慎滑倒。经诊断，潘某的牙齿受伤。第二年，经司法鉴定中心鉴定，潘某牙齿后续治疗费包括定期复查费用1800元、根管治疗费用1000元、临时牙修复费用500元、永久牙修复费用27 000元（18岁后可行桩冠永久修复治疗，每10年更换一次，更换至70岁，需安装一次，更换五次），合计约需30 300元。

经审理，法院认为：第一，学校根据相关规定，安排学生从事力所能及的劳动实践活动，有利于促进学生全面发展，该活动本身并不具有危险性；第二，学校通过召开会议、设立安全宣传栏、发放关于学生安全工作告家长书、张贴宣传标语等形式，开展安全教育，已尽到教育职责；第三，本次事故发生前，学校在班主任会上提及学生拖地后地面湿滑的问题，但未及时有效改进，对于学生在湿滑地面上嬉戏打闹的行为没有及时制止，应当认定为未尽到管理职责。第四，学生自身未尽到注意义务。事发时，潘某已满8周岁，是三年级小学生，对于在湿滑地面上嬉戏打闹的危险性应当能够认知，但其未尽到安全注意义务，自身也存在过错。

因此，综合考虑双方过错程度，法院确定此案责任划分为，潘某承担40%，学校承担60%。

在社会活动中，我们时时处处都面临着这样或那样的风险，只有相关主体都尽到自身义务，才能避免或减少事故的发生。本案事故的发生，既有学校管理方面的原因，也有学生自身原因，如果科以当事人过重的责任，一方面会限制相关主体的正当行为，另一方面有违公平正义。

（二）制度流程不健全

劳动教育安全制度是为劳动教育创建良好的教育教学环境而制定的安全管理制度。它规定了劳动教育的内容、形式、管理要求等，主要包括以下内容：劳动教育场所必须提供符合国家安全标准的劳动教育教学设施设备；劳动教育组织管理者要保护学生的人身安全，禁止体罚和变相体罚学生；学校的劳动教育场地和设施设备应当符合安全要求，劳动项目和劳动强度应与学生的生理承受能力和体质健康状况相符；学校组织学生参加的劳动教育活动，应当有利于学生的成长，同时对学生进行安全教育，并提供必要的安全措施；学校应具备必要的处理伤害事故的医疗用品等。学校因劳动教育安全制度流程缺失或不健全，制度管事与流程管人未形成合力，制度执行不力，及制度执行未留痕等影响，致使劳动教育安全事故时有发生。

案例4-2

××教育机构责任纠纷（2）

王某为某学校九年级学生，一天，班主任安排他及其他四人一起去搬运教室学生饮用的桶装水。在搬运桶装水的过程中王某摔倒，致使桶装水掉落压到腿上，造成左脚脚踝处受伤。之后，学校将王某送到医院就诊，经诊断为左腓骨下段骨折。

王某的伤情经法医鉴定所鉴定，结果为：损伤程度为轻伤一级，伤残程度为十级伤残，护理时间为60天，后期治疗费500元。事故发生后，王某家人多次找学校协商未果，故将学校起诉至法院。

法院审理后认为，公民享有健康权，原告在学校接受教育过程中受伤，其合法权益应受法律保护。学校作为全日制寄宿学校，应对学生在学校的学习、生活尽到严格的教育、管理和保护的职责。该事故中，学校安排学生劳动时，未能充分预见到该劳动可能存在的危险性，亦未采取相关的安全防范措施，致使损害结果发生，应认定学校在学生的管理方面存在漏洞，故学校应当对事故承担主要责任，酌定由学校对王某的损失承担80%的责任。

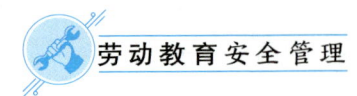

劳动教育安全管理

同时，王某在事故发生时虽然属于限制民事行为能力人，但其已年满15周岁，在学校安排的劳动教育过程中未能尽到一定的安全注意义务，故其应对损害结果承担次要责任，酌定由其对自身的损失自负 20% 的责任。

（三）风险管理能力不足

劳动教育活动作为一种职业劳动，存在一定程度的劳动安全风险。这要求劳动教育场所具备较强的风险管理能力，充分调动各种相关要素，对劳动教育活动中可能出现的风险点进行识别、评估、监管、控制。劳动教育过程具有复杂性的特点，在组织管理、人员素质、交通条件等方面存在大量不可控的因素。劳动教育场所风险管理能力不足是造成劳动教育安全事故的主要原因，而风险管理能力不足主要体现在几个方面：人防、物防、技防等资源配置不足；未建立风险识别、分析、评价与控制的体系；有重教学任务、轻风险管理能力提升等薄弱环节。

（四）管理对象的特殊性

劳动教育的主要对象是大中小学学生群体，这一群体的安全意识与安全素质是影响劳动教育安全的重要因素。中小学学生为无民事行为能力人（不满8周岁的学生）或者限制民事行为能力人（8周岁以上不满18周岁的学生），身心尚未完全发育成熟，安全意识较为薄弱，对一些危险行为的预见性不足。劳动教育的过程中，组织管理者需要加大对学生的监管力度，保障他们在活动中的安全。大学生多数为完全民事行为能力人（18周岁以上的学生），与中小学生不同，有自主管理能力和个体思维，但实践经验较少，对一些活动缺乏正确的认知，安全意识和安全防范能力仍然需要进一步提升。因此，在劳动教育的实践活动中，组织管理者需要根据管理对象的身心发展特点进行针对性指导。

案例4-3

某中学学生纠纷案

某中学老师安排黄某、陈某等五名学生打扫教室卫生。打扫过程中，黄某、陈某因琐事发生纠纷，黄某被陈某抓住头往墙上撞，导致受伤。后经医院治疗诊断，黄某为脑外伤综合征，并出现急性应激障碍、抑郁状态。因此导致诉讼。

诉讼过程中，黄某又先后七次入院治疗，经鉴定其伤情构成九级伤残，需8万元后续治疗费。黄某家人因此要求陈某及学校赔偿医疗费及住院伙食补助费、营养费、残疾赔偿金、精神抚慰金等共计28万元。

经审理，法院认为，黄某、陈某作为同班同学，在完成老师安排的打扫教室卫生过程中，本应团结合作、互相帮助，共同完成教室清扫任务。然而，双方在打扫过程中因黄某扬起的灰尘多生口角，被告陈某首先用扫把击打原告面部，原告在教室外追上理论时，又被其抓住头撞向墙壁，致使原告受伤。被告陈某应承担纠纷的主要责任。而原告在被击打面部后，不是冷静处理，而是追着跑出教室，致使纠纷升级，原告应承担纠纷的次要责任。被告中学作为教育管理机构，对在校的学生负有教育、管理和保护的职责。打扫清洁卫生作为学校教育实践活动的组成部分，但活动过程中未安排老师现场管理指导；学生在教室过道上发生肢体冲突时，通过学校过道上的监控探头是可以及时发现的，但是由于被告中学的疏忽，没有发现并及时制止双方的纠纷，致使损害结果的发生，被告中学管理上存在一定的漏洞，对纠纷的发生存在一定的过错。

法院最终判决陈某承担60%的责任，中学承担30%的责任，黄某承担10%的责任。

（五）设施设备存在安全隐患

劳动教育场所的设施设备存在一定的安全隐患，会直接影响学生的安全。一方面，劳动教育场所的一些设施设备并不符合安全标准，或与学生的认知程度和自身能力不匹配，学生在使用过程中，极易发生安全事故；另一方面，劳动教育场所的设施设备需要定期检查与修缮，以防出现意外情况。组织管理者需要根据自身的知识和能力，判断已有的设施设备是否存在安全隐患，并根据安全隐患的特点，及时排除这些安全隐患，从根本上控制风险。

（六）教职工责任心不强，玩忽职守

某些教师教育水平不高，职业道德素质差，在劳动教育实践活动中对学生态度粗暴或辱骂学生，使学生心灵受到伤害，有些学生自尊心较强，心理承受能力低，不堪侮辱耻笑而采取自伤的行为，甚至严重者直接体罚学生，导致学生受伤或致死等。

三、劳动教育安全事故赔偿的法律性质和功能

（一）劳动教育安全事故赔偿的法律性质

劳动教育安全事故赔偿的法律性质，是人身损害赔偿责任。人身损害赔偿责任是一种典型的侵权责任，是指当事人一方因侵权行为而对他人人身造成损害时应承担补偿对方的民事责任。它的必备要素是由违法行为、损害事实、因果关系和主观过错构成，缺一不可。确定劳动教育安全事故赔偿具有这样的性质具有以下几点根据。

1. 违法行为

劳动教育管理的主体为政府、学校、社会、家庭、实践基地。根据劳动教育管理的主体划分，在劳动教育安全事故发生后的责任归属主要有学校承担责任、学生（家庭）承担责任、第三方承担责任。第一，学校承担责任。学校违反法定义务侵害了学生人身安全，造成损害事实的，依法应当承担侵权责任。[1]例如，学校对劳动教育场地和设施管理不当或未加以维修、加固而造成学生人身受到损害的侵权行为，就属此类行为。《中华人民共和国未成年人保护法》中明确规定，中小学校应当建立健全安全责任制度，采取相应的教育、管理措施，预防和消除教育教学环境中存在的安全隐患，保障学生的人身安全。第二，学生（家庭）承担责任。学生承担责任需要考虑两种情况，

---

[1] 劳凯声.中小学校学生伤害事故救济机制的完善［J］.中国社会科学院大学学报，2022，42（02）：41-53.

中小学生承担责任和大学生承担责任。中小学生为无民事行为能力人或者限制民事行为能力人，学校对他们负有监护责任，如有过错，所承担的是一种间接责任。《中华人民共和国民法典》中明确规定：无民事行为能力人、限制民事行为能力人造成他人损害的，由监护人承担侵权责任。监护人尽到监护职责的，可以减轻其侵权责任。大学生则具备了完全民事行为能力，可以独立进行民事活动并对自己的行为负责，因此在由学生主观原因造成的校园体育伤害事故中当事的学生要依据过错承担相应的责任。第三，第三方承担责任。第三方承担责任是排除学校和学生主体过错的责任，主要由劳动教育实践基地与社会第三方机构承担责任。《中华人民共和国民法典》中明确规定：无民事行为能力人、限制民事行为能力人造成他人损害的，由监护人承担侵权责任。监护人尽到监护职责的，可以减轻其侵权责任。宾馆、商场、银行、车站、机场、体育场馆、娱乐场所等经营场所、公共场所的经营者、管理者或者群众性活动的组织者，未尽到安全保障义务，造成他人损害的，应当承担侵权责任。因第三人的行为造成他人损害的，由第三人承担侵权责任；经营者、管理者或者组织者未尽到安全保障义务的，承担相应的补充责任。经营者、管理者或者组织者承担补充责任后，可以向第三人追偿。

2. 损害事实

人身损害是指因侵权行为导致人的身体受到伤害。从结果上来讲，一切造成受害人身体健康损害或死亡的都构成人身损害。就劳动教育而言，如若在劳动教育过程中发生劳动教育安全事故，造成人身损害结果，就会有可能构成劳动教育安全事故人身损害赔偿责任。劳动教育安全事故分为两种情况，分别是受害人在劳动教育期间发生人身伤害事故与侵权人在劳动教育期间致害他人造成人身伤害事故。劳动教育安全事故形成需要具备以下两个要素：一是劳动教育安全事故人身赔偿责任的构成局限于劳动教育安全事故。这里的劳动教育安全事故是指学生在劳动实践教育活动中，因学校未尽到教育管理职责或者发生意外等致使学生受到人身伤害的不安全事件。二是劳动教育安全事故应当发生在学生在校期间。这里的在校期间，应当作广义理解，即不是仅仅指形式意义上的在校期间，而是指在学校、劳动教育实践基地、社会第三方机构对学生教育、管理和保护的期间。

3. 因果关系

随着近年来学校办学体制的逐步调整,学校与学生的关系在许多方面都开始呈现出公法与私法融合的复合型特征。其中,纵向型法律关系是学校基于《教育法》《高等教育法》《义务教育法》《未成年人保护法》等法律规定,对学生所履行的教育、管理与保护义务;而横向型法律关系则是学校依据民事法律规定而对学生人身和财产所履行的保护义务。① 在劳动教育实践过程中,不仅学校与学生之间具有上述复合型关系,而且,劳动教育作为一种教育活动,劳动教育实践基地、社会第三方机构、家庭与学生之间同样适用教育、管理和保护的关系。学校、劳动教育实践基地、社会第三方机构疏于教育、管理和保护义务的行为,必然与劳动教育安全事故所造成的损害事实之间有客观的因果关系,即前者是原因,后者是结果,二者之间具有引起与被引起的因果关系。

4. 主观过错

学校、劳动教育实践基地、社会第三方机构、家庭等主体在实施教育、管理和保护行为时是否有主观上疏于职责的过失或者重大过失,是劳动教育主体在劳动教育安全事故中承担人身赔偿责任的重要评判标准。主观过错分为故意和过失两种。故意是指非法侵害人明知或者预见到自己的行为会导致受害人的人身遭受某种损害后果,仍然希望或者放任这种损害后果的发生。在劳动教育活动中侵害人存在明知其行为会导致受害人人身伤害的后果,但是他仍然实施了侵害行为或者追求使受害人受伤的后果,最终导致受害人受伤,从而达到了其侵害的目的,这是典型的直接故意。非法侵害人在对受害人造成伤害后明知或者预见到了严重后果,却没有积极将受害人送往医院救治,最终导致受害人受伤或死亡的后果,称为间接故意。过失是指非法侵害人应当预见到自己的行为可能会给受害人造成某种损害后果,但是由于疏忽大意而没有预见,最终导致这种损害后果发生;或者非法侵害人已经预见到了自己的行为可能会对受害人造成某种损害,却过于自信,认为能够避免,然而最终没能避免,还是导致了这种损害后果发生。前者属于疏忽大意的过失,也称为疏忽;后者属于过于自信的过失,也称为懈怠。区分侵害人主观上故意还是过失的意义在于,这两种过错对于确定赔偿责任的大小有重要的影响。

---

① 劳凯声.教育变迁中学校与学生关系的重构[J].教育研究,2019,40(07):4-15.

（二）劳动教育安全事故赔偿的功能

劳动教育安全事故赔偿不仅仅着眼于赔偿，还强调事故的预防和事后的补救。而劳动教育安全事故赔偿中给予受害者赔偿的主要方式是人身损害赔偿。人身损害赔偿是指民事主体的生命权、健康权、身体权受到不法侵害，造成致伤、致残、致死的后果以及其他损害，要求侵权人以财产赔偿等方法进行救济和保护的侵权法律制度。人身损害赔偿的重点是对人身伤害所产生的后果给予法律上的补救，它所保护的是特定的人身权即生命权、健康权和身体权三种物质性的人格权。人身损害赔偿与财产损害赔偿、精神损害赔偿是损害赔偿责任制度中的重要内容，三者具有不同的目的和功能，共同作用于民事权利的保护。人身损害赔偿发生的同时，往往会涉及精神损害赔偿的相关内容，人一旦受到伤害，不可避免地会造成精神上的损害，因此在进行人身损害赔偿时，往往也要考虑到适用于精神损害赔偿的补救方法。人身损害赔偿不仅仅给予受害者物质上的损失赔偿，也应该包括诸如抚慰金等精神损失赔偿，以保障人的生命权、健康权、身体权。人身损害赔偿是对人身进行保护的根本方式，其主要功能就是以损害赔偿的形式，最大限度地保障人民的民事权利、承担民事义务的资格与能力、维护人民自身的基本安全权益。

第2节 劳动教育安全事故引发的争议

一、争议与纠纷的界限

有的学者认为争议与纠纷含义相同，并无差别，比如，冯俊波认为："教育纠纷是指学校在组织实施教育教学活动中与教师或学生发生的争议。"[①] 再如，喻兴龙认为："田永诉北京科技大学颁发毕业证与学位证的案件引发了高

---

① 冯俊波. 教育领域纠纷特点及解决机制研究[J]. 中国证券期货, 2011 (09): 182.

等学校的诉讼（主体）地位问题及对公民教育权利的研究和探讨，并成为高等学校教育管理引发争议被诉的开端。"[1]有的学者认为纠纷是有界限的，比如，杨挺与李伟认为："教育纠纷包括广义和狭义两方面：广义的教育纠纷，涵盖公民、法人和其他组织以及国家机关之间纷繁复杂、性质各异的纠纷；狭义的教育纠纷只限于学校、教师、学生三者之间的冲突。"[2]

然而，争议与纠纷具有不同的内涵和外延，具有明确的界限。首先，从《现代汉语词典》检索的词意看，争议的意思是争论，即某一提法引起了争议，纠纷的意思是争执的事情，争议侧重于争长论短与力求获得支持的过程，纠纷侧重于引起冲突的事情本身，二者意境不同。其次，从我国立法看，只有在劳动人事领域将"争议"纳入到了立法范畴，比如《中华人民共和国劳动争议调解仲裁法》明确了劳动争议的解决路径；在其他领域基本不用"争议"的字眼，而是用"纠纷"，比如最高人民法院发布的《民事案件案由规定》中规定了43项一级案由和424项二级案由，只有劳动与人事领域2项一级案由和4项二级案由使用了"争议"，其余案由全部使用了"纠纷"。可见，纠纷通常具有可诉性，受法院管辖，而争议并非都具有可诉性，比如《最高人民法院关于人民法院审理事业单位人事争议案件若干问题的规定》，将人事争议的范围界定为事业单位与其工作人员之间因辞职、辞退及履行聘用合同所发生的争议，除此之外的争议都不在人事争议受案范畴，不能通过司法途径解决，只能进行申诉。

因此，纠纷通常被置于司法领域，纠纷可以通过诉讼、仲裁等司法救济路径解决，而争议的范围相对较广泛，一切争执都可纳入争议范畴，但有些争议并不属于法院受案范围，不能通过司法途径解决。针对争议与纠纷的界限进行探讨对明确权利的救济方式具有重要的意义，即有助于分清纷争的性质与法律关系、适用的法律及解决的路径。

二、劳动教育安全事故引发争议的类型

劳动教育管理活动是人为了保障受到良好的劳动教育而促使自身更好地

---

[1] 喻兴龙.高等学校教育管理引发争议的法律思考[J].社科纵横，2005（04）：139.
[2] 李伟，杨挺.我国教育法律纠纷问题研究综述[J].教育与教学研究，2014，28（07）：12-16.

发展所产生的人与人之间的一种相互作用和相互影响，包括各教育阶段的各类型学校与教育机构、各级教育行政部门及教师、学生、家长等相互之间的各种权利义务关系。劳动教育安全事故引发的争议是指劳动教育实践活动过程中，各类主体之间发生的可诉的或不可诉的各种争执。劳动教育安全事故引发的争议类型往往是争议主体之间争议内容的概括，是争议法律关系的反映，是争议性质的体现，通过争议类型，梳理争议的性质和特点，利于对争议分类，采取有效的救济方式。劳动教育安全事故引发的争议包括教育行政部门、学校、学生、家长与其他第三方等多种纷繁复杂的法律关系，涉及民事、行政与刑事三大法律领域，具体有如下类型。

（一）教育行政部门因履行行政管理职能引发的争议

一是教育行政部门与学校之间的争议。教育行政部门与学校之间是管理与被管理的关系，教育行政部门作为对教育事业进行组织和管理的行政机关，对内要依法履行部门职能，对外要对各级各类学校进行管理，监督学校贯彻落实国家教育法律法规与政策的情况，对学校的违法违规行为进行行政处罚等。在对学校的行政管理中，教育行政部门既是抽象行政行为的制定者，也是具体行政行为的执行者。一旦教育行政部门对学校做出具体行政行为，比如行政决定、行政处罚、行政强制等，如果学校认为教育行政部门具体行政行为不当或侵害其权益，势必引起争议。

二是教育行政部门与教师之间的争议。教育行政部门在对教师的管理中，往往因资格认定、遴选任用、调配交流及转岗分流等情形发生争议。

三是教育行政部门与学生之间的争议。此类争议通常出现在学生因不服所在学校做出的侵害其人身权利或财产权利的行为，依法向教育行政部门申诉，而教育行政部门不予受理、受理后不作为或处理决定违法的时候。

教育行政部门履行行政管理职能时，行政相对人往往是公民、法人或其他组织，二者并不是平等主体，从性质上来讲属于行政争议，属于行政法调控的范畴。

（二）学校因履行教育管理活动职责引发的争议

学校对学生履行的是教育管理职责，负有学生在校的安全保障义务。因学校的安全措施不到位而引发危险事件，致使学生人身权利或财产权利受到侵害时，往往产生争议。此类争议多为侵权责任纠纷，性质上属于民事争议，但具备应追究刑事责任的情节或后果时，同时会引发刑事责任。

（三）学生之间因发生冲突引发的争议

未成年学生之间发生的争议。中等及以下教育阶段，学生为不满18周岁的未成年人，包括8周岁以下的无民事行为能力人和8周岁以上不满18周岁的限制民事行为能力人，未成年人因年龄关系，心智不成熟，尚不能完全辨认或控制自己的行为，往往会在嬉戏打闹中致使一方受到伤害，甚至学生集结成群，寻衅滋事，侮辱殴打其他学生，实施校园暴力。发生以上行为，既有学校的教育管理职责不到位的原因，也有学生自身的原因，还有家庭教育缺失以及社会教育不足等多种原因，但聚焦到学生之间的争议，有侵权责任纠纷，性质为民事争议，也有故意伤害、侮辱、强奸等刑事犯罪。

（四）因第三方原因引发的争议

一是第三方进入校园内实施侵权行为引发的争议。此类争议多为因学校教育管理职责不到位或安全保障措施不力使第三方进入学校管理区域内而引发学生人身或财产受损，比如第三方人员利用学校安保疏忽，潜入校园内行窃、敲诈勒索学生或殴打学生等，此类行为引发争议，这类争议学校往往难辞其咎，包括侵权责任纠纷中的民事争议和刑事犯罪。

二是第三方在校外实施侵权行为引发的争议。第三方对学生实施的侵权行为发生在校外，包括两类：在放学、放假等闭校期间发生的侵害，学生在上课期间，溜出学校或学校组织校外活动时发生的第三方侵害。两类行为引起的争议多为侵权责任纠纷的民事争议，但担责方式却不同，前一种情况在学校教育管理职责义务之外，由实施侵害的第三方担责；后一种情况在学校教育管理职责之内，学校要承担与其疏于履行职责过错相当的责任。

三、劳动教育安全事故引发争议的特点

（一）涉及面广

劳动教育安全事故引发的争议涉及各教育阶段，牵涉教育行政部门、各级各类学校、各年龄段学生与家长及社会第三方，主体类型多样，引发争议的诱因多样，适用民法、行政法与刑法三大部门法律，争议类型多样且法律关系交叉繁杂，遍及教育管理全过程。而且，此类争议查清事实难，争议处理的难度大，家长还往往存在认知误区，"无论何种原因，只要未成年孩子受到人身伤害，就认为学校未尽到监护职责，就认为学校应负责任，因此迁怒于学校，一些家长甚至到学校纠缠不休，学校不得不投入大量的精力来处理纠纷，严重影响学校的正常管理秩序和教学秩序"。因此，处理未成年学生人身伤害纠纷时，要正确处理好学校与学生、学校与家长、学生与学生之间等各方面的关系，涉及面广，需要多视角、多方力量参与，仅靠教育行政部门、法院是难以应对的。

（二）涉诉主体特殊

《中华人民共和国义务教育法》规定："凡年满六周岁的儿童，不分性别、民族、种族，应当入学接受规定年限的义务教育。条件不具备的地区，可以推迟到七周岁入学。"义务教育阶段的学生分为6~8周岁无民事行为能力人与8~16周岁限制民事行为能力人两类，都属于未成年人，尚不能完全辨认和控制自己的行为，属于特殊群体，具有特殊性，处理未成年学生伤害纠纷不仅仅是弥补损害，还应以尊重未成年人人格尊严、适应未成年人身心发展规律和特点的方式解决纠纷。对未成年学生应以教育和保护相结合为原则，化解纠纷时，对致害的学生应以教育为主，帮助其认识到自身错误并改正；对受害的学生应加强心理疏导，避免事件对其造成心理阴影。不能仅以用赔偿来弥补伤害作为解决纠纷的标准，解决纠纷的方式应多元化，应多采用平和、柔和的方式，少采用强制性、刚性的方式。

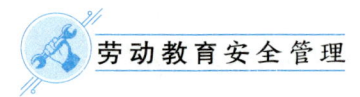

(三)法律适用复杂

劳动教育安全事故引发的争议涉及民事、行政和刑事三大领域,既有与教育行政部门和高校之间的行政争议,也有学校、学生等平等主体之间的民事争议,还有因校园暴力事件引起的刑事犯罪,法律适用多而繁杂,并且引起争议的行为具有复合交叉性,甚至会同时涉及民事责任、行政责任与刑事责任的承担。

(四)后续影响难消除

劳动教育安全事故引发的争议具有特殊性,争议的一方往往多为未成年人,当其遭受人身侵害时,受伤的不仅是身体,更是心灵,仅仅给予金钱的赔偿是远远不够的,其心理疏导和后续的引导也至关重要,这都是劳动教育安全事故引发的争议留下的后续影响。

第3节 劳动教育安全事故引发的责任

一、劳动教育安全事故责任归责原则

劳动教育安全事故责任归责原则以《中华人民共和国民法典》《中华人民共和国未成年人保护法》等多部法律为依据,将政府、学校或其他教育机构、家长、教师、学生以及其他相关行为人的责任区分为过错责任、过错推定责任、公平责任和无过错责任四种类型。

(一)过错责任

1. 政府工作人员的过错责任

《中华人民共和国未成年人保护法》第一百二十八条规定:"国家机关工作人员玩忽职守、滥用职权、徇私舞弊,损害未成年人合法权益的,依法给予处分。"《中华人民共和国教育法》第七十一条规定:"违反国家有关规定,不

第4章 劳动教育安全事故救济

按照预算核拨教育经费的,由同级人民政府限期核拨;情节严重的,对直接负责的主管人员和其他直接责任人员,依法给予处分。"《中华人民共和国未成年人保护法》第一百二十九条规定:"违反本法规定,侵犯未成年人合法权益,造成人身、财产或者其他损害的,依法承担民事责任。违反本法规定,构成违反治安管理行为的,依法给予治安管理处罚;构成犯罪的,依法追究刑事责任。"《未成年人学校保护规定》第六十一条规定:"教育行政部门未履行对学校的指导、监督职责,管辖区域内学校出现严重侵害学生权益情形的,由上级教育行政部门、教育督导机构责令改正、予以通报批评,情节严重的依法追究主要负责人或者直接责任人的责任。"

2. 学校及其他教育机构的过错责任

《中华人民共和国民法典》第一千二百条规定了教育机构的过错责任:"限制民事行为能力人在学校或者其他教育机构学习、生活期间受到人身损害,学校或者其他教育机构未尽到教育、管理职责的,应当承担侵权责任。"第一千二百零一条规定了在教育机构内第三人侵权时的责任分担:"无民事行为能力人或者限制民事行为能力人在幼儿园、学校或者其他教育机构学习、生活期间,受到幼儿园、学校或者其他教育机构以外的第三人人身损害的,由第三人承担侵权责任;幼儿园、学校或者其他教育机构未尽到管理职责的,承担相应的补充责任。幼儿园、学校或者其他教育机构承担补充责任后,可以向第三人追偿。"《未成年人学校保护规定》第五十八条规定了学校的过错责任:"学校未履行对教职工的管理、监督责任,致使发生教职工严重侵害学生身心健康的违法犯罪行为,或者有包庇、隐瞒不报,威胁、阻拦报案,妨碍调查、对学生打击报复等行为的,主管教育部门应当对主要负责人和直接责任人给予处分或者责令学校给予处分;情节严重的,应当移送有关部门查处,构成违法犯罪的,依法追究相应法律责任。因监管不力、造成严重后果而承担领导责任的校长,5年内不得再担任校长职务。"

3. 教师的过错责任

《中小学教育惩戒规则(试行)》第十五条规定了教师的过错责任:"教师违反本规则第十二条,情节轻微的,学校应当予以批评教育;情节严重的,应当暂停履行职责或者依法依规给予处分;给学生身心造成伤害,构成违法犯罪的,由公安机关依法处理。"第十六条规定了家长的过错责任:"家长威胁、侮辱、伤害教师的，学校、教育行政部门应当依法保护教师人身安全、维护教师合法权益；情形严重的，应当及时向公安机关报告并配合公安机关、司法机关追究责任。"

4. 其他相关行为人的过错责任

《中华人民共和国教育法》第七十二条规定："结伙斗殴、寻衅滋事，扰乱学校及其他教育机构教育教学秩序或者破坏校舍、场地及其他财产的，由公安机关给予治安管理处罚；构成犯罪的，依法追究刑事责任。"第七十三条规定："明知校舍或者教育教学设施有危险，而不采取措施，造成人员伤亡或者重大财产损失的，对直接负责的主管人员和其他直接责任人员，依法追究刑事责任。"

《学生伤害事故处理办法》第八条规定了相关当事人的过错责任："学生伤害事故的责任，应当根据相关当事人的行为与损害后果之间的因果关系依法确定。因学校、学生或者其他相关当事人的过错造成的学生伤害事故，相关当事人应当根据其行为过错程度的比例及其与损害后果之间的因果关系承担相应的责任。当事人的行为是损害后果发生的主要原因，应当承担主要责任；当事人的行为是损害后果发生的非主要原因，承担相应的责任。"

案例4-4

某中学团委书记蒋某组织本校5名学生到学校篮球场搬运水泥块，对篮球架进行加固。水泥块大约重300斤，5个人共同徒手搬运。在搬运过程中，水泥块突然滑落，导致林某的手被砸伤。法院对纠纷的最终判决是，学校应赔偿林某因搬运水泥块致伤造成的各项损失，此款由中国人民财产保险股份有限公司某支公司在校方责任险限额内直接赔付给林某，于判决生效之日起3日内付清。

此案例属于教育机构责任纠纷。学校组织学生搬运水泥块却未采取任何安全防护措施，对林某在搬运水泥块过程中受伤应该承担全部责任。该学校在保险公司投保了校方责任险，案例中所涉事故发生在保险期间内，故保险公司应该在校方责任险限额内承担理赔责任。

（二）过错推定责任

1. 学校或其他教育机构的过错推定责任

《中华人民共和国民法典》第一千一百九十九条规定："无民事行为能力人在幼儿园、学校或者其他教育机构学习、生活期间受到人身损害的，幼儿园、学校或者其他教育机构应当承担侵权责任；但是，能够证明尽到教育、管理职责的，不承担侵权责任。"

2. 文体活动参与者的过错推定责任

《中华人民共和国民法典》第一千一百七十六条规定："自愿参加具有一定风险的文体活动，因其他参加者的行为受到损害的，受害人不得请求其他参加者承担侵权责任；但是，其他参加者对损害的发生有故意或者重大过失的除外。"

3. 帮工人的过错推定责任

《最高人民法院关于审理人身损害赔偿案件适用法律若干问题的解释》第四条规定："无偿提供劳务的帮工人，在从事帮工活动中致人损害的，被帮工人应当承担赔偿责任。被帮工人承担赔偿责任后向有故意或者重大过失的帮工人追偿的，人民法院应予支持。被帮工人明确拒绝帮工的，不承担赔偿责任。"第五条规定："无偿提供劳务的帮工人因帮工活动遭受人身损害的，根据帮工人和被帮工人各自的过错承担相应的责任；被帮工人明确拒绝帮工的，被帮工人不承担赔偿责任，但可以在受益范围内予以适当补偿。"

（三）公平责任

《中华人民共和国民法典》第一千一百八十六条规定了公平责任原则："受害人和行为人对损害的发生都没有过错的，依照法律的规定由双方分担损失。"

（四）无过错责任

《中华人民共和国民法典》第一千一百六十六条规定了行为人的无过错责任原则："行为人造成他人民事权益损害，不论行为人有无过错，法律规定应当承担侵权责任的，依照其规定。"

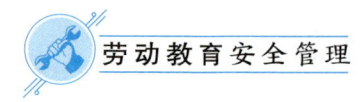
劳动教育安全管理

二、劳动教育安全事故中学校是否尽到教育管理职责的认定

劳动教育安全事故中教育机构是否尽到教育管理职责是判定其是否担责的前提。《中华人民共和国民法典》将是否尽到教育管理职责作为认定教育机构是否有过错且是否承担法律责任的基础。《中小学幼儿园安全管理办法》第四条规定了学校安全管理工作主要包括：构建学校安全工作保障体系，全面落实安全工作责任制和事故责任追究制，保障学校安全工作规范、有序进行；健全学校安全预警机制，制定突发事件应急预案，完善事故预防措施，及时排除安全隐患，不断提高学校安全工作管理水平；建立校园周边整治协调工作机制，维护校园及周边环境安全；加强安全宣传教育培训，提高师生安全意识和防护能力；事故发生后启动应急预案、对伤亡人员实施救治和责任追究等。

然而，目前法律关于履行教育管理职责的认定无统一标准，且司法认定标准也不统一。从司法实践看，认定学校是否尽到教育管理职责应审查学校的安全教育是否纳入教学计划，并有效落实；学校安全管理制度是否健全并执行到位；学校安全预案、措施是否执行到位；学校宣传手册、班会记录、学生安全责任书、校务日志、班主任工作日志、每日安全提示记录、班级安全公约、学校广播安全注意事项等是否完善。司法认定时往往结合具体案件发生的时间、地点、起因、安全防范措施、安全教育警示等因素综合考量。

案例4-5

某小学学生小明在该校组织的卫生大扫除活动中，被安排清理校园内的树根，劳动工具是校方自制分发的钢质铁铲。铁铲又大又重，小明又从来没有做过此类劳动，在铲除露出地面的树根时，不慎将腰部扭伤。受伤后，小明的父母带着他就诊，花费治疗费1.8万余元。家长和校方就赔偿问题产生争议。

根据我国《义务教育法》第三十四条的规定，教育教学工作应当符合教育规律和学生身心发展特点，面向全体学生，教书育人，将德育、智育、体育、美育等有机统一在教育教学活动中，注重培养学生独立思考能力、创新能力和实践能力，促进学生全面发展。某小学组织开展义务劳动属于社会实践活动，组织义务劳动也是教育机构履行教育职能的一部分，这个行为本身是没有过错的。学校组织学生卫生大扫除，目的是净化校园的卫生环境，小明接受学校的安排参加大扫除活动任务也与其年龄和身体状况相适应，因此，单纯从义务劳动的目的性和组织活动的适当性上看是没有问题的。

根据《学生伤害事故处理办法》第九条的规定，学校违反有关规定，组织或者安排未成年学生从事不宜未成年人参加的劳动、体育运动或者其他活动造成的学生伤害事故，学校应当依法承担相应的责任。结合本案来看，能够证明学校对小明的人身损害事故的发生具有过错的行为在于校方自制分发的劳动工具。在大扫除的过程中，造成小明受伤的主要原因在于其使用的工具铁铲超出了其自身能承受的劳动强度。校方能够预见这种超过学生劳动能力的劳动工具在使用中可能会对学生产生伤害，而仍然提供给学生使用，主观上具有过错。从该伤害事故发生的原因力分析，学生使用过重的劳动工具是造成小明腰部扭伤这一损害事实的主要原因，因此学校应当承担主要的民事赔偿责任。

从另外一个法律关系的角度分析该案例，小明的人身损害事件源于义务劳动，是具有无须支付报酬为内容的帮工性质，学校是劳动的受益方。根据相关法律规定，"帮工人因帮工活动遭受人身损害的，被帮工人应当承担赔偿责任"。

法条链接

《中华人民共和国义务教育法》第三十七条：学校应当保证学生的课外活动时间，组织开展文化娱乐等课外活动。社会公共文化体育设施应当为学校开展课外活动提供便利。

《学生伤害事故处理办法》第九条：因下列情形之一造成的学生伤害事故，学校应当依法承担相应的责任：（六）学校违反有关规定，组织或者安排未成年学生从事不宜未成年人参加的劳动、体育运动或者其他活动的。

《最高人民法院关于审理人身损害赔偿案件适用法律若干问题的解释》第

五条：无偿提供劳务的帮工人因帮工活动遭受人身损害的，根据帮工人和被帮工人各自的过错承担相应的责任；被帮工人明确拒绝帮工的，被帮工人不承担赔偿责任，但可以在受益范围内予以适当补偿。

案例4-6

田东县那拔镇13岁的学生小何是那拔镇六洲村六洲小学的学生。那拔镇六洲村六洲小学为迎接"两基"检查，让学生在劳动课上当起了油漆工，给学校"穿衣戴帽"。小何、何某和韦同学被分在一个小组，他们负责给三楼的教室门框上油漆。当时，小何的任务是扶桌子，保护站在桌子上涂油漆的韦同学。当油漆滴到韦同学的衣服上后，他从桌上下来，将装在大可乐瓶里的汽油倒在瓶盖里，用来清洗衣物上的油污。随后，换小何踩在桌子上涂油漆。岂料，何某掏出了打火机玩火，不慎点着了汽油瓶，悲剧由此发生。

学校发现小何被烧伤后，让一名老师骑摩托车带上他，去六洲村甫老屯的个体诊所治疗。小何的亲人赶到后，将他送到田东县人民医院治疗。后来，因为伤情严重，小何先后被转入百色市人民医院、解放军三〇三医院接受治疗。他的伤残鉴定结果是：全身60%的面积被严重烧伤。在小何住院期间，六洲小学努力筹集资金，为他支付了3.2168万元治疗费，并多次去医院探望。学校上级管理单位那拔中心小学得知小何受伤后，组织募捐，共筹得2万余元，通过田东县教育局给他用于治疗。

家长将田东县教育局、那拔镇那拔中心小学、那拔镇六洲小学、农某（小何的班主任）、何某和韦同学共六方告上法庭。

田东县人民法院对此案进行了审理。在庭上，教育系统的四被告均认为自己不必对此事负责。10月份，法院调查后认定：事故的直接责任人是何某与六洲小学。法院认为，六洲小学违反了《学校卫生工作条例》中的规定"中小学校组织学生参加劳动，不得让学生接触有毒有害物质或者从事不安全工种的作业"，因此，学校应当承担相应的责任。汽油这种危险物品，一遇明火或高温就会有燃烧爆炸的危险，这是人们可预料到的，不属于不可抗力。六洲小学和有管理义务的老师，却对这样的危险物品失去控制，没有人监管、专管。尽管六洲小学制定了一系列的规章制度，做出"严禁玩火""不能携带打火机"的要求，可法院认为，学校没有从如何防范的角度去考虑，是导致事故发生的直接原因之一。学校不能认为有了制度，就不用对事故负责任。何某在校内持有打火机是个安全隐患，同学发现了没向老师报告，老师也没有觉察到，六洲小学存在严重的管理疏忽。何某违反学校的规定在校内随身携带打火机，是事故发生的另一个直接原因，这与家长平时不注意教育、防范监护不到位有直接的关系。

法院据此做出判决，由于六洲小学是村级教学点，不具有独立的法人资格，由那拔中心小学承担民事赔偿责任，支付小何20.5965万元赔偿款，减去已支付的医疗费3.2168万，还应赔偿17.3797万元。何某应赔偿9.3985万元，由于何某是未成年人，其赔偿款由其父亲代为垫付。

法条链接

根据《学生伤害事故处理办法》规定，因学校违反有关规定，组织或者安排未成年学生从事不宜此人群参加的劳动、体育运动或者其他活动，而造成学生伤害事故的，学校应当承担相应的责任。

《学校卫生工作条例》规定：普通中小学校组织学生参加劳动，不得让学生接触有毒有害物质或者从事不安全工种的作业，不得让学生参加夜班劳动。

《国务院关于特大安全事故行政责任追究的规定》规定：中小学校对学生进行劳动技能教育以及组织学生参加公益劳动等社会活动，必须确保学生安全。严禁以任何形式、名义组织学生从事接触易燃、易爆、有毒、有害等危险品的劳动或者其他危险性劳动。

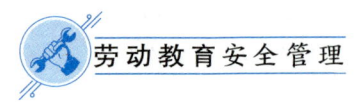

劳动教育安全管理

第4节　劳动教育安全事故救济

一、劳动教育安全事故救济

劳动教育是中国特色社会主义教育制度的重要内容，对培养具有劳动精神、劳动价值取向和劳动技能水平的社会主义建设者和接班人具有重大意义。劳动教育注重在学习文化知识以外，让学生动手实践，通过自己的劳动来获取相关知识。正是劳动教育具有实践性这一特殊性质，因此在劳动教育活动期间可能会突发安全事故。《民法典》对学校等教育机构的侵权责任做出了专门规定，包括对无民事行为能力人的过错推定责任、对限制民事行为能力人的过错责任以及第三人侵权时的补充责任。一旦在劳动教育活动期间发生安全事故，在学生伤害事故的归责中，不可避免地存在需要学校承担责任的情况。

我国的学校法人包括了大中小学以及幼儿园等所有具备法人要件的教育机构，公办学校拥有自主办学的权利。但也带来了一定的问题，具体来说，这一规定对于劳动教育实践基地而言并不是一个问题，但是对于某些公办中小学来说，这类学校主要由国家办学，由公共财政维持，办学经费来源比较单一，在事故发生后其行为能力和责任能力相对于实践基地来说有较大的区别。如果公办中小学因侵权行为对学生造成伤害，依照现行的法律，应当独立承担法人责任，但是其经济能力有限，公办中小学法人难以承担民事赔偿责任。为解决公办中小学法人责任能力不足的问题，就需要对这类学校采取补偿救济。

"救济"一词在《现代汉语词典》中的定义为"用金钱或物资帮助生活困难的人"。它出自西晋史学家陈寿的《三国志·吴志·吴主传》："思平世难，救济黎庶，上答神祇，下慰民望。"这里的"救济"便是接济、帮助贫苦人民的意思。劳动教育安全事故救济中提及的"救济"，不是传统意义上的物质救助与补助，而是法律意义上的救济，指的是通过一定程序和途径而获得的法

第4章 劳动教育安全事故救济

律意义上的补救。劳动教育安全事故救济是指在进行劳动教育教学活动期间，发生学生安全事故，学校与受伤害学生或者学生监护人可以通过协商调解、诉讼等法律手段解决事故纠纷，从而使权益受损害的公民获得法律上的补救。

二、劳动教育安全事故救济方式

我国现行劳动教育安全事故救济的方式主要有以下几种。

（一）诉讼

诉讼包括民事诉讼、行政诉讼和刑事诉讼。将属于法院管辖的争议，纳入诉讼程序，即通常所说的通过司法途径解决争议。民事诉讼，要属于法院的受案范围和管辖、有明确的被告和原告、有具体的诉讼请求及事实与理由；行政诉讼，要针对行政主体的具体行政行为向有管辖权的人民法院提起；刑事诉讼，属于公诉案件的，要及时报案，进入公诉程序，属于自诉案件的，可直接提起自诉，同时若人身或财产受到侵害，就受损部分可提起刑事附带民事诉讼或单独提起民事诉讼。

（二）仲裁

我国目前尚未制定教育领域的仲裁法规，本处教育领域争议仲裁主要指的是教师聘用合同履行过程中的劳动人事争议仲裁，通过劳动人事争议仲裁机构解决争议。

（三）复议

复议指的是行政复议，即对教育行政部门做出的具体行政行为，向政府或其上一级主管部门提出行政复议来解决行政争议。

（四）调解

调解包括司法程序中的调解与民间调解组织开展的调解，调解在司法程序中贯彻始终，由法院主持，在自愿和合法的原则下进行调解；或由教育领域专门的调解委员组织调解，比如息烽县人民法院设立的教育纠纷调解委员会、江安县人民法院设立的校园及周边矛盾纠纷专业调解组织及诸暨市人民法院设立的学生伤害纠纷调解委员会等都属于此类;或由学校、社区等设立的民间调解组织主持调解来化解争议。

(五)和解

和解即在当事人自愿的前提下,就争议达成一致意见,并签署和解协议,由当事人按和解协议履行的争议解决方式。

(六)申诉

申诉即教育领域特殊的救济方式,比如《教师法》就明确了教师认为其权利受到侵害时进行申诉的条件和程序。再如,《普通高等学校学生管理规定》第五十九条明确规定:学校应当成立学生申诉处理委员会,负责受理学生对处理或者处分决定不服提起的申诉。学生申诉处理委员会应当由学校相关负责人、职能部门负责人、教师代表、学生代表、负责法律事务的相关机构负责人等组成,可以聘请校外法律、教育等方面专家参加。学校应当制定学生申诉的具体办法,健全学生申诉处理委员会的组成与工作规则,提供必要条件,保证其能够客观、公正地履行职责。该规定为学生申诉指明了路径。

三、劳动教育安全事故救济方式存在的问题

劳动教育安全事故救济方式存在如下三大方面的问题。

(一)救济方式之间衔接联动性不足

和解与调解在争议解决中扮演着重要角色,特别是在教育领域。学生与学校发生争议时,学生家长往往有多种顾虑,如考虑到孩子以后还要在学校学习,怕孩子受到不公正待遇或怕对孩子造成不好的心理影响等,也迫于这方面的压力,多数情况下会选择和解或调解的方式解决争议。然而,由于诉调机制的不健全或衔接不够,达成和解协议或调解协议后并未申请法院进行确认,形成调解书;协议虽具有法律效力,但并无强制执行力,一旦一方不履行,仍需要诉讼至法院,甚至出现因未及时主张权利致使协议超过诉讼时

效或协议明显违反自愿和合法原则的情况，导致不公平与不公正的现象发生，有些过激的当事人甚至做出自伤或伤害他人的行为，这不但未有效解决争议，甚至激化了社会矛盾，对教育教学管理秩序有害无益。

（二）诉讼、仲裁和行政复议等司法救济方式的效率与公信力不高

我国诉讼实施两审终审制，终审后若仍不服，还可以申请再审，再审被驳回后才能向检察院申请抗诉，诉讼周期较长；劳动人事争议仲裁争议需要经一裁两审，周期也长；行政复议争议除土地等权属纠纷实施一裁终局外，可选择向上一级复议机关复议或提起行政诉讼，周期更长。司法救济方式的缺点是效率较低，且上级法院对下级法院裁判的撤销或改判比例也比较低，特别是行政争议，诉讼主体因地位不平等且权力失衡，诉讼难度更高，加上我国公权力的公信力普遍不高的影响，司法救济方式的公信力在民众心中并不高。

（三）和解、调解和申诉等非诉救济方式的组织运行机制不畅

长久以来，在教育领域争议解决中，和解与调解是普遍被选择的方式，但是除司法程序中在法院主持的调解尚能及时形成调解书、及时化纷止争外，其他自行和解、民间调解或校内调解等往往只是形成协议，并未通过法律程序赋予协议确定的法律执行力，致使争议仍处于未彻底解决的状态，留下了隐患。导致此种情况出现的原因有调解组织机制不健全、调解人员专业能力不强、调解组织经费配备不足及政府等公共权力支持力不够等。

第5节 劳动教育安全事故救济的展望

一、完善争议救济方式立法

目前我国解决劳动教育安全事故的救济方式散见于《民法典》《人民调解法》《民事诉讼法》《行政诉讼法》《教师法》等多部门法律中，并无统一的争

议救济方式立法，且各救济方式并未形成联动机制，未形成合力。

应立足于劳动教育安全事故救济方式的类型、性质和特点，加强顶层设计，推动争议救济机制立法建设从"散在性"向"统一性"转变，完善教育领域争议救济方式多元化立法，比如明确诉讼与非诉救济方式的适用范围、条件、流程及过渡衔接方式等，使二者相配合、相协调。

二、扩展教育仲裁的适用范围

教育领域争议救济方式中的仲裁指的是因履行教师聘用合同而引发的劳动人事争议仲裁，仅限于聘用合同的履行、解除和终止，有特定的限定领域。并且，劳动人事争议仲裁属于强制仲裁，不以当事人双方的自愿为前提，而是通过法律确认为法定前置程序；仲裁具有充分尊重诉争双方意思自治、成本低、程序简便、保密性好、法律效力高等特点，是化解纠纷的重要方式之一。

所以，应参照《仲裁法》与《劳动争议仲裁法》的规定，制定《教育仲裁法》，设置教育仲裁机构，明确教育仲裁范围和教育仲裁程序，将教育仲裁作为诉讼的前置程序，其作为一种全新的教育纠纷解决制度，其公正性、效率性、平衡性能够有效避免申诉制度、行政复议制度的缺陷和不足，并能有效弥补诉讼制度受案范围的局限性和程序烦琐的弊端。[①]

三、在法院探索设立教育类法庭

设置教育类法庭有利于最大程度实现劳动教育安全事故争议处理的专业性，有利于节约诉讼成本和司法成本。[②] 比如目前法院处理未成年学生案件通常在少年法庭采用不公开审理方式，合议庭中会引入具有教育背景的陪审员，对化解争议起到了很好的作用。但实践中仍是法官作为主导，仍按处理社会普通纠纷的思路处理教育领域争议，人民陪审员往往依附于法官意见，不愿或不敢发表独立意见，形式大于实质。然而，劳动教育安全事故争议有其特殊性，不仅要关注案件本身的解决，更要关注学校、学生与家长之间的和谐

---

① 张善燚，罗德.教育仲裁：教育纠纷解决机制的创新［J］.现代大学教育，2006（05）：58.
② 余兴凤.我国教育类法庭的统一设置与管理［J］.现代教育管理，2017（07）：86.

第 4 章 劳动教育安全事故救济

关系，特别是未成年人学生的生理和心理健康，要考虑后续的影响。所以，在各级法院中可探索设置教育类法庭，配备具有法学、教育学、教育法学、心理学、管理学等综合知识的法官，专门处理劳动教育安全事故争议，这样既利于诉争各方权益保护，也利于教育行业和谐持续的发展。

四、加强宣传，普及救济方式

普遍的现象是学生、家长甚至校长、教师和教育行政部门工作人员对争议的救济方式并没有很好的认知，对救济方式的类型、适用条件及适用程序等并不完全了解，这严重限制了救济方式的有效利用，并不利于争议的化解。学法、知法才能用法、守法，知是用的前提，所以应加强争议救济方式的普法宣传，应将宣传教育纳入学校日常教育教学管理活动中，应加强与学生家长的沟通，通过班会、家长座谈会、宣传手册、校内广播、学校官方网站等多种途径宣传救济方式，引导各类教育领域主体在处理争议时选择切实有效的救济方式，最终达到以高效率、低成本的方式化解争议，营造和谐、文明、稳定的教育环境与秩序。

五、推广人民法院特邀调解

加强诉讼与非诉讼纠纷解决方式的有效衔接，在各级人民法院推广特邀调解，吸纳符合条件的人民调解、行政调解、商事调解、行业调解等调解组织或者个人成为特邀调解组织或者特邀调解员，接受人民法院立案前委派或者立案后委托依法进行调解，促使当事人在平等协商基础上达成调解协议，并及时纳入司法确认程序，明确调解协议的法律效力和强制力。

六、建立校内纠纷处置机制

学校内部应设立专门的纠纷调解组织，组成人员应包括教育行政部门领导、街道领导、学校领导、教师代表、派出所工作人员、司法所工作人员、法院工作人员、律师、学生家长代表，建立组织机制、明晰调解流程，搭建运行平台，给予经费保障。一旦发生纠纷，及时启动内部处置机制，公开、公平、公正地化解矛盾，达成调解协议的，及时启动司法确认程序，固定调解协议效力，有效化解纠纷。

七、建立中立的教育纠纷第三方调解组织并广泛推广

各级教育行政部门、司法机关甚至社会组织可以专门成立教育纠纷化解工作机构，比如可以设立教育纠纷综合调处中心、诉前纠纷人民调解委员会、教育纠纷专门调解委员会、教育纠纷风险评估中心以及社会组织成立的教育纠纷化解中心等。最大限度地动员和调动各方面的力量参与矛盾纠纷化解，不断加强中立的教育纠纷第三方调解组织的建设，促进矛盾纠纷多元化解机构体系的不断完善，并广泛推广，提高第三方调解组织的社会公信力，降低成本，提质增效。

吸纳更多的第三方力量参与教育纠纷化解，拓宽人大代表、政协委员、律师、法律工作者及教育专家学者等第三方参与纠纷化解的制度化渠道，吸收专家参与教育领域矛盾纠纷化解工作，让更多纠纷在诉讼之外得到有效化解。

八、健全纠纷化解方式选择的引导机制

诉讼是矛盾纠纷解决机制的最后手段，应审慎启动，这既是司法本质的体现，又避免了滥诉。因此，要充分发挥调解或其他替代性纠纷解决方式的作用，衔接好协商、和解、调解、仲裁等不同性质、不同层级的矛盾纠纷解决方式，形成既充分发挥每一种纠纷解决方式的特点和优势，又能够使它们相互配合、相互补充的机制，满足诉争主体的多样化需求。

同时应规范教育纠纷分流机制，解决诉争当事人信息不对称问题，引导诉争主体对不同纠纷解决方式进行权衡，选择更简便、温和且不失效力的纠纷化解方式，从而更好地修复关系，维护教育管理秩序。

九、借助网络系统打破信息壁垒

利用大数据分析技术与"互联网+"的结合,打造纠纷多元化解信息共享平台、纠纷综合分析应用平台、在线纠纷解决平台等网络系统,破解"信息孤岛",强化数据运用。通过智慧法院建设,搭建由人民法院与各调解委员会共同参与的纠纷多元化解信息共享平台,将利用数据统计所得到的规律和路径通过互联网共享到各学校、各教育行政部门、各级法院及各教育纠纷专业调委会,为纠纷的解决提供在线的调解,降低纠纷处理成本,提高纠纷处置成效。

十、探索建立学生伤害保险基金

学生人身伤害纠纷案件中,诉争主体往往互推责任,诉争未定时都不愿主动担责,实践中存在大量侵害方无赔付能力、受害方无承担能力的情形,若等到纠纷尘埃落定,早已耽误救治最佳时机。基于未成年人保护的法律精神,受害学生应及时得到救助,不应受纠纷未决的影响,探索建立学生伤害保险基金,由教育行政部门、学校、家庭、社会捐助等多方力量共同筹资建设。只要是学生受到伤害,无论纷争如何,都可以由保险基金先行垫付,待争议落定后,由责任方将保险基金垫付的部分支付给保险基金,若责任方拒绝支付,保险基金机构可依法向责任方进行追偿。

综上所述,劳动教育安全事故争议不同于一般的社会纠纷,其诉争主体特殊,法律适用横跨民事、行政与刑事三大部门,法律关系纷繁复杂,争议类型多样、内容广泛,争议的处理不仅要填补损害,更要保护学生的身心健康和长远发展,也要维护学校的教育教学秩序。这就要求处理教育领域争议时要选择切实有效的救济方式,各救济方式相互衔接、相互配合、运行顺畅并形成合力机制,是化解争议、消除矛盾、营造良好教育管理秩序的重要基础。

专业词汇

劳动教育安全事故救济

人身损害赔偿

精神损害赔偿

财产损害赔偿

思考与练习

1. 如何理解劳动教育安全事故救济的内涵？
2. 请简述劳动教育安全事故的性质。
3. 请简述劳动教育安全事故争议的类型和特点。
4. 判定劳动教育安全事故中学校担责的依据是什么？
5. 劳动教育安全事故救济的方式包括哪些？

参考答案

第 5 章
劳动教育安全管理相关法律政策解读

本章导读

本章针对劳动教育安全管理，从《中华人民共和国宪法》《中华人民共和国民法典》《中华人民共和国劳动法》《中华人民共和国教育法》《中华人民共和国教师法》《中华人民共和国未成年人保护法》等重要法规和《中共中央 国务院关于全面加强新时代大中小学劳动教育的意见》《大中小学劳动教育指导纲要（试行）》等重要政策中寻求有关法律支撑和政策支持，并做出相应解读。

学习目标

聚焦劳动教育安全管理中的法律行为，了解学校、劳动教育基地等场合中的法律关系，更为具体地理解劳动教育安全管理中的法律责任，更为理性地看待劳动教育安全管理中的矛盾和纠纷，进一步提高主动学法的意愿、自觉用法的能力。

思维导图

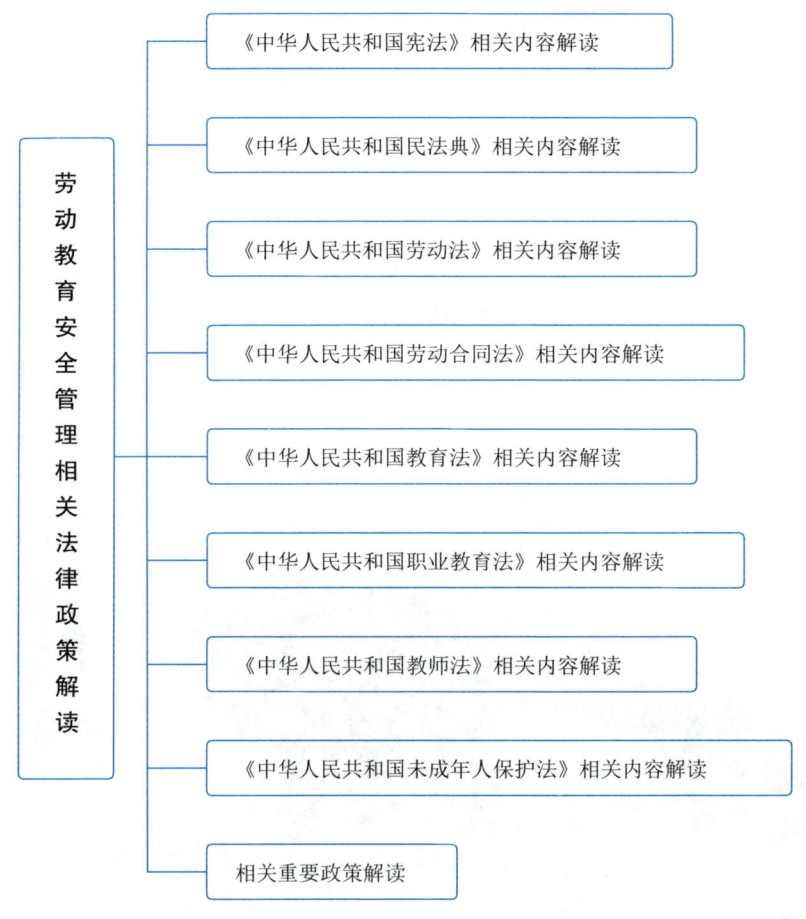

第 5 章　劳动教育安全管理相关法律政策解读

第 1 节 《中华人民共和国宪法》相关内容解读

《中华人民共和国宪法》是中华人民共和国的根本大法，拥有最高法律效力。

一、立法和修订背景

中华人民共和国成立后，先后通过了1954年、1975年、1978年、1982年四部宪法。现行宪法为1982年宪法，历经五次修改。《中华人民共和国宪法》（以下简称《宪法》）与时俱进，体现了党的主张、国家意志和人民意志的有机统一。《宪法》以根本大法的形式给出了新时代教育复兴梦想的答案。

二、相关内容解读

我国《宪法》的主要内容包括序言、总纲、公民的基本权利和义务、国家机构、国旗国歌等几大部分内容。宪法作为治国理政的总章，为劳动教育安全提供了根本的法治保障。

第四十二条　中华人民共和国公民有劳动的权利和义务。

国家通过各种途径，创造劳动就业条件，加强劳动保护，改善劳动条件，并在发展生产的基础上，提高劳动报酬和福利待遇。

劳动是一切有劳动能力的公民的光荣职责。国有企业和城乡集体经济组织的劳动者都应当以国家主人翁的态度对待自己的劳动。国家提倡社会主义劳动竞赛，奖励劳动模范和先进工作者。国家提倡公民从事义务劳动。

国家对就业前的公民进行必要的劳动就业训练。

第四十三条　中华人民共和国劳动者有休息的权利。

国家发展劳动者休息和休养的设施，规定职工的工作时间和休假制度。

劳动者权益保护是劳动教育安全管理首先必须面对的基本问题。它贯穿于劳动教育安全管理的全过程，对提高劳动教育安全主体的安全认知素养具

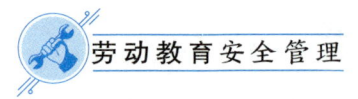

有重要意义。

（一）《宪法》中劳动权的保护程度

考虑规范领域与保护程度之间的关系：基本权利的规范领域与保护程度之间存在反向关系。规范领域越宽，保护程度越低，反之亦然。基本权利的规范领域是指其所设计的社会生活的范围，《宪法》对基本权利的保障程度主要受其规范领域的影响。《宪法》规定的任何权利都是有限的。这种限制主要表现为基本权利规范的限制。限制的大小影响基本权利的保护程度。《宪法》中的劳动保护是一项涉及领域广泛、涉及社会生活的基本权利。按照"规范领域与保护程度成反比"的关系，《宪法》对劳动者权利的保护程度可能比较低。然而，事实并非如此。通过调整《宪法》文本的表述，制定者成功地对劳动权利给予了更高程度的保护。与《宪法》中的其他权利不同，劳动权是一项综合性的权利，它包含着多种权利内涵。第一，工作权，包括职业获得权、平等就业权和选择职业权。职业获得权是指公民请求国家或社会以提供工作机会的权利；平等就业权是指公民有不受歧视、平等地获得就业机会的权利；选择职业权是指公民按照自己的意愿自主选择职业的权利。第二，劳动报酬权，指劳动者按照约定或法律规定取得报酬并可自由支配其报酬的权利。第三，休息休假权，指法定工作时间之外获得休息与休假的权利。第四，职业安全权，指劳动者在劳动过程中的人身安全和健康免遭职业伤害的权利。第五，职业培训权，指是劳动者获得职业训练和教育的权利。随着经济发展和社会进步，国家对劳动权有着更加积极的保护和实现义务。

（二）《宪法》中劳动权的保护范围

基本权利的保护范围，又称保护领域或规范领域，是指基本权利所保障的社会生活领域。解释和界定保护范围的目的是提供一个"表面"或"初步"的保护领域，使人们了解基本权利的宪法保护的可能范围。劳动权是我国宪法保护的一项基本权利。它的保护范围是公民劳动生活的活动领域和与劳动有关的各种事项。在此范围内，"权利主体的作为或不作为将构成基本权利的行使"，宪法将保障权利的行使。《宪法》中界定的劳动保障的范围可以从"人的保障范围"和"物质保障范围"两大组成部分来分析。

1. 人的保障范围

"人的保障范围"是指行使劳动权的主体。我国《宪法》第42条规定劳动权的主体是"公民",这意味着《宪法》中劳动主体的范围很广,不限于《中华人民共和国劳动法》中的劳动者,而是"泛劳动者",不分劳动内容、劳动方式、劳动对象、劳动性质,包括工人、农民、公务员、军人、企业经营者、个体工商户、自由职业者等所有以劳动为谋生手段的社会群体,而且,"公民"的范畴相对于"外国人""无国籍人"而言,我国宪法劳动权的主体是"公民",也就是说,"外国人"不是我国宪法劳动权利的权利主体。《外国人在中国就业管理规定》第五条规定:"用人单位聘用外国人须为该外国人申请就业许可,经获准并取得《中华人民共和国外国人就业许可证书》后方可聘用,"外国人在中国就业还必须符合该规定第七条要求的条件,并按照第八条的规定入境。"外国人"虽然不是宪法劳动权利的主体,但在劳动法中可以成为劳动权利的主体,即"外国人"是经我国政府有关部门批准,按照法定条件入境,与用人单位建立劳动关系后,成为我国劳动法中的"劳动者",从而依法享有《中华人民共和国劳动法》规定的相关权利。

2. 物的保障范围

"物的保护范围"是指与劳动权利保护有关的行为、法律利益、特征和地位,具体体现在劳动主体享有的具体劳动权利以及应承担的相应的义务。

在国内现有的研究中,对劳动权内容的研究主要集中在以下几个方面:(1)劳动就业权,主要是劳动权,具体包括职业自由权、平等就业权、就业保障权、土地经营权等,其中土地经营权由农业劳动者享有,具体表现为我国的土地承包经营权。(2)就业服务权,即公民依法请求国家提供公共就业服务的权利,具体包括职业培训权、就业指导权、就业介绍权、失业救济请求权等。(3)劳动条件权、劳动报酬权、工作环境权、劳动安全保障权、劳动福利权、休息休假权、社会保险权等。(4)劳动救济权,即公民的劳动权益受到侵害时获得或请求救济的权利。(5)劳动结社权,劳动者加入工会等劳动者集体组织的权利,通过集体力量与用人单位保持平等的权利,还包括集体谈判、集体行动和广义上的集体抵抗。

案例5-1

王某为一名应届毕业生，在校和实习期间能力突出，成绩优异。在应聘某单位时笔试成绩第一，但在面试环节被告知单位对得过肿瘤的面试者不予录用。

此案属于既往病史的就业歧视。在我国，在宪法规范的统摄和价值引领下，进一步形成了以法律为主体的劳动者平等就业权利保护规范体系。既往病史作为个人健康信息，与个人尊严隐私密切相关，属于应在符合特定目的、充分必要性和采取严格保护措施下处理的敏感个人信息。该单位滥用检测查询工具，严重侵害了劳动者的平等就业权利。

总之，劳动教育安全领域的法治应以《宪法》为依据，充分尊重和保障劳动教育参与者的劳动权利，在法律法规的解释和适用上认真审查合宪性。树立宪法权威，坚持人民至上。

第2节 《中华人民共和国民法典》相关内容解读

2020年5月28日，第十三届全国人民代表大会第三次会议表决通过了《中华人民共和国民法典》（以下简称《民法典》），自2021年1月1日起施行。

图5-1 《中华人民共和国民法典》

第 5 章　劳动教育安全管理相关法律政策解读

《民法典》是新中国第一部以法典命名的法律，开创了我国法典编纂的先河，具有里程碑意义。它关系到社会生活的每一个角落，也为社会主义市场经济体制背景下的新时期劳动教育安全管理工作提供了重要的法律依据。

一、立法背景和意义

随着社会经济的快速发展，原有的民商事立法已难以完全适应新时期发展的需要。为消除法与法之间的矛盾，理顺民法之间的内在关系，实现民法的体系化，有必要对我国不同时期制定的民商法进行全面汇编。原有的立法成果如民法通则、物权法、合同法、担保法、婚姻法、收养法、继承法、侵权责任法和关于人格权的民事法律规定恰好为民法典体系的构建和相关规则的完善提供了坚实的制度基础。我国多年来在法治实践中积累了丰富的宝贵经验，主要体现在最高人民法院依据宪法和人民法院组织法对民事法律实施中的具体问题进行解释。随着法治建设的加强，中国民法逐步进入各方面繁荣发展的阶段，注重民法基础理论、法律方法论、民法具体部门理论。随着民事立法的逐步完善、民事司法实践的深入和民法研究的发展，我国民事主体的民事权利意识逐步增强，民法意识日益深入人心。

我国较为完备的民事单行法律体系，丰富的司法实践经验总结，法学界多年深入的理论研究，广泛的民意基础，这些是《民法典》编纂的立法基础并构成其背景。

《民法典》体现了我国最高决策层的政治决心，注重总结改革开放以来的民事立法和司法经验，反映人民意志，回应社会关切，开启了我国公民权利保护的新时代。从各系列的亮点和创新简报中可以看出，最终的《民法典》不仅对现行民事法律进行了全面修改、完善和系统整合，而且积极回应了人民群众期盼的法治新要求，体现了时代精神。《民法典》是一部与时俱进的重要法典，立足中国，放眼世界，它必将更好、更全面地保护人民群众的合法权益，也必将成为我国劳动教育安全管理的必要法治支撑。

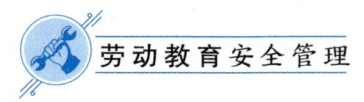

二、核心理念

现代法治的核心理念是"规范公权力，保护私权"。《民法典》作为公民权利的宣言书，在完善公民权利制度的同时，也强化了公民权利保障机制，从而开启了公民权利保障的法治新时代。

从21世纪开始，尊重人、关心人、关注人成为当今社会的主旋律和时代特征。《民法典》积极回应时代需求，总则、分则各章节充分体现了民法赋予民事主体的人文关怀。无论是立法目的，还是调整对象，以及关于民事权利和民事义务规则的设计，都围绕着人。"以人民为中心"的立法思想贯穿其中，致力于实现民法的终极价值和最高目标，即实现对人的关怀，为人的尊严和人的发展服务。

例如，当胎儿参与继承和接受礼物时，被认为是有能力享有继承权的人；从尊重未成年人的独立意志和鼓励他人参与社会活动的角度，限制行为能力人的年龄降低到八岁；民法典婚姻家庭部分强调对妇女、老人、儿童和残疾人的特殊保护，显示了《民法典》对弱势群体保护的人文关怀。

三、劳动教育相关内容解读

第一千一百七十九条　因侵害他人造成人身损害的，应当赔偿医疗费、护理费、交通费、营养费、住院伙食补助费等为治疗和康复支出的合理费用，以及因误工减少的收入。造成残疾的，还应当赔偿辅助器具费和残疾赔偿金；造成死亡的，还应当赔偿丧葬费和死亡赔偿金。

第一千一百九十九条　无民事行为能力人在幼儿园、学校或者其他教育机构学习、生活期间受到人身损害的，幼儿园、学校或者其他教育机构应当承担侵权责任；但是，能够证明尽到教育、管理责任的，不承担侵权责任。

第一千二百条　限制民事行为能力人在学校或者其他教育机构学习、生活期间受到人身损害，学校或者其他教育机构未尽到教育、管理职责的，应当承担侵权责任。

一般而言，判定学生受伤赔偿责任的流程如下图所示。

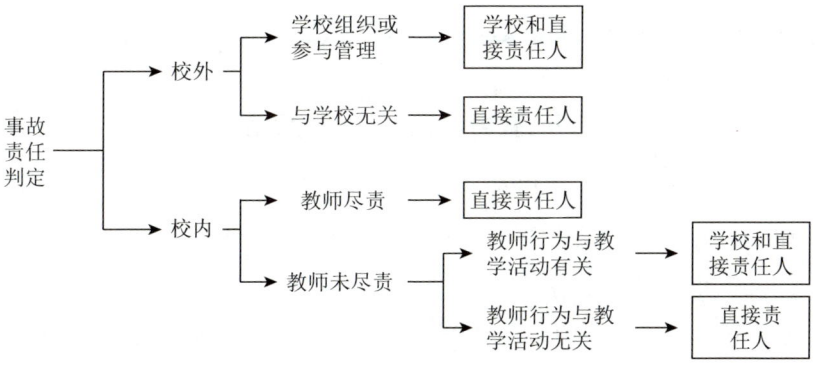

图 5-2　学生受伤赔偿责任流程图

劳动教育事故中的民事责任

陈某、宋某、孙某都是小学四年级的学生。宋某、孙某两人在劳动教育实践活动合作期间，因使用厨具恶作剧，意外伤及一旁的陈某左眼，陈某受伤后被鉴定为九级伤残。因赔偿协商未果，陈某及其监护人将学校、宋某、孙某及其监护人诉至法院，请求判令赔偿医疗费、营养费、残疾赔偿金、精神损害抚慰金等各项经济损失。

那么，学校、宋某、孙某和监护人是否应该对陈某的伤害结果承担责任呢？法院认为，被告宋某的行为具有一定的危险性，与原告陈某的伤害存在直接的因果关系，应为原告陈某的损失承担相应的赔偿责任。被告孙某的行为虽然没有直接导致原告受伤，但在教室的特殊环境中与同学恶作剧也是危险的，他也应承担部分责任。由于原告、被告均是限制民事行为能力人，在劳动实践中具有一定的危险性，学校没有尽到足够的安全教育和管理义务，应当承担一定的责任。最终，法官根据案件的具体情况，依法确定了各被告的责任分担比例，判处各被告赔偿原告各项损失共计 180 000 元。

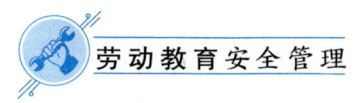

案例5-3

劳动教育活动中的安全事故

西安某小学组织一年级的学生在校园参与劳动实践活动，在学校采摘石榴。树旁有个"大坑"，一名小学生（男）摔进了大坑。在抢救过程中，由于抢救不当，学生两次掉井，最终因抢救无效死亡。这个"大坑"其实是一个长满草的井。井盖是用腐烂的木头制成的。长时间后，木头已经腐烂了，这相当于根本没有"井盖"。井深7米，井中有2米高水位。

几乎所有的一年级学生都是没有民事行为能力的人。根据《民法典》，无民事行为能力人在幼儿园、学校或者其他教育机构学习、生活期间遭受人身损害的，幼儿园、学校或者其他教育机构应当承担侵权责任。在这种情况下，毫无疑问，学校必须承担相应的法律责任。

本案也给了我们深刻的启示：第一，安全义务人应切实履行安全保障义务，必须履行相关安全教育管理责任。劳动教育活动的组织者应充分认识到其安全保障中存在的问题和可能存在的安全隐患。在进行劳动教育活动前，要对参加劳动教育的人员进行相关的培训和讲解。建设配套安全保障设施，力求避免事故的发生。第二，学校或教育机构需要有安全应急预案。在安全应急预案的指导下，劳动教育活动的组织者和老师能够在事故发生的第一时间迅速、有序开展救援工作，维护校园和师生人身安全，最大限度地减少损失。

案例5-4

柳某免费为某劳动实践活动基地提供一套训练活动设施（含配套脚垫）。该劳动实践活动基地将其卫生清洁管理交由某物业公司负责。高中学生文某在参加劳动技能培训活动时，途经该活动设施处，踩到湿滑的脚垫而滑倒受伤，造成十级伤残。后文某将柳某和物业公司诉至法院，要求共同赔偿医疗费、护理费、残疾赔偿金、精神损害抚慰金等各项损失近20万元。

该案例中,柳某自愿为劳动实践活动基地提供活动设施,不承担赔偿责任,这属于依法保护无过错方权益。该案例中物业公司未及时有效清理设施,致使脚垫湿滑,是导致事故发生的主要原因,属于因过错侵害他人民事权益,物业公司应当承担侵害责任。

第3节 《中华人民共和国劳动法》相关内容解读

《中华人民共和国劳动法》(以下简称《劳动法》)于1994年7月5日在第八届全国人民代表大会常务委员会第八次会议上通过。根据2009年8月27日第十一届全国人民代表大会常务委员会第十次会议相关精神,对劳动法部分内容进行了首次修正。根据2018年12月29日第十三届全国人民代表大会常务委员会第七次会议相关精神,对劳动法的内容进行了第二次修正。《劳动法》的实施对劳动教育安全领域的劳动权益保护具有重要意义。

图5-3 《中华人民共和国劳动法》

一、立法和修订背景

1954年宪法明确保障公民的劳动、休息、物质援助等权利后,劳动立法取得进展，形成了以《工会法》《劳动保险条例》《工厂安全卫生条例》以及劳动争议解决程序等为代表的一系列法律法规，但是，在计划经济体制下，劳动关系由政府的行政权力维持，处于政府的严格控制之下，因此，这一时期的劳动关系体现在劳动行政关系上。十一届三中全会以后，我国把全党的工作重点转移到社会主义现代化建设上来，劳动法开始蓬勃发展。

《中华人民共和国劳动法》

1982年宪法规定劳动者有劳动权、休息权、获得物质援助的权利，为劳动法的制定提供了宪法依据；劳动立法是在行之有效的劳动制度的基础上，加强了对劳动就业、职业培训、工作时间和休息、劳动保护、劳动保险、劳动争议等方面的规范；为适应社会主义市场经济的要求，中国也建立了相应的劳动制度。全国人民代表大会常务委员会1994年颁布的《劳动法》，以市场经济为指导，对劳动法领域的劳动用工、劳动合同、集体合同、劳动争议处理等重要问题做出了较为全面的规定。《劳动法》勾勒了劳动法律体系的框架，成为我国第一部全面、系统规范劳动关系的基本法律，在劳动法治建设史上具有里程碑意义。

根据2009年8月27日第十一届全国人民代表大会常务委员会第十次会议《关于修改部分法律的决定》，进行了第一次修正。根据2018年12月29日第十三届全国人民代表大会常务委员会第七次会议《关于修改〈中华人民共和国劳动法〉等七部法律的决定》，第二次修正，进一步适应了新时代的立法需要。

二、立法宗旨和基本原则

《劳动法》旨在保护劳动者的合法权益，调整劳动关系。《劳动法》在发展和完善中坚持了下面这些基本原则。

第一，维护劳动者合法权益的原则。为维护劳动者的合法权益，《劳动法》通过立法对劳动者进行特殊保护，使劳动者与用人单位具有平等的法律地位。具体体现为劳动法律法规对劳动者基本权利的规定，劳动法律法规对用人单位基本义务的规定，以及特定情况下对劳动者和用人单位利益的保护。

第5章 劳动教育安全管理相关法律政策解读

第二，贯彻按劳分配原则。劳动者在工资分配中贯彻按劳分配原则，实行同工同酬。每个有劳动能力的公民都有平等的权利和义务为社会提供劳动。用人单位以劳动为准绳，按劳动的数量和质量提供报酬。工人不分性别、年龄、种族和民族，获得同等数量的劳动报酬金额。同时，在劳动法领域也坚持劳动援助的原则，主要是以社会保险的形式。

第三，坚持平等竞争、公平保护劳动者的原则。劳动者享有平等就业和选择职业的权利、获得劳动报酬的权利、休息休假的权利、服从劳动争议解决的权利以及法律规定的其他劳动权利。同时，对女职工、未成年职工、残疾职工、少数民族职工和退役军人职工给予特殊保护，使其得到实质意义上的公平保护。

第四，实行劳动行为自主性与劳动标准制约相结合的原则。总之，用人单位有用人自主权，劳动者可以自主择业，自愿工作。用人单位和劳动者经过相互选择，在平等自愿、协商一致的基础上，通过签订劳动合同建立劳动关系。

三、相关内容解读

《劳动法》规定了劳动合同中可以约定与不可以约定的相关内容。

第十六条　劳动合同是劳动者与用人单位建立劳动关系、明确双方权利和义务的协议。建立劳动关系应当订立劳动合同。

第十七条　订立和变更劳动合同，应当遵循平等自愿、协商一致的原则，不得违反法律、行政法规的规定。

劳动合同依法订立即具有法律约束力，当事人必须履行劳动合同规定的义务。

劳动教育活动中的就业安全问题

2019年，某职业院校学生李某经在A公司食堂工作的王某介绍，到A公司当厨师，应A公司要求，李某与B公司签订了《共享经济自由职业者服务合作协议》，B公司为共享经济智能综合服务提供云平台。李某按约定在云平台上注册成为自由职业者。A公司从2020年1月19日到2020年2月28日三次在云平台上发布未指定内容的订单。李某在云平台上接到订单，并收取了相应的服务费。2020年5月，王某告诉李某，A公司决定关闭食堂并将其解雇。

　　该案例是用人单位利用互联网技术公司提供的共享经济智能综合服务平台，规避劳动关系认定的典型案例。用人单位有用工需求后，为避免与劳动者建立劳动关系，逃避社会保险义务，降低劳动成本，自行招用劳动者后，不依法与劳动者订立劳动合同，而是以共享经济的名义，要求劳动者在互联网服务平台注册成为自由职业者，并与平台所属企业签订合作协议，建立合作关系，用人单位通过互联网服务平台下单的方式定期为劳动者结算劳动报酬。这种用工形式虽然引入了互联网服务平台因素，但从用工形式来看，双方都符合劳动关系的构成要件，应当建立劳动关系。用人单位在没有建立劳动关系的情况下，利用互联网平台雇用劳动者的主张是不能成立的。借助互联网平台就业是一种新兴模式，但由于互联网平台就业本身的多样性和复杂性，即使在实际就业中涉及互联网平台因素，也不能否定劳动关系。

《劳动法》中有关工作时间和休息休假的规定：

　　第三十六条　国家实行劳动者每日工作时间不超过八小时、平均每周工作时间不超过四十四小时的工时制度。

　　第三十八条　用人单位应当保证劳动者每周至少休息一日。

　　第四十四条　有下列情形之一的，用人单位应当按照下列标准支付高于劳动者正常工作时间工资的工资报酬：

　　（一）安排劳动者延长工作时间的，支付不低于工资的百分之一百五十的工资报酬；

　　（二）休息日安排劳动者工作又不能安排补休的，支付不低于工资的百分之二百的工资报酬；

　　（三）法定节假日安排劳动者工作的，支付不低于工资的百分之三百的工资报酬。

第 5 章　劳动教育安全管理相关法律政策解读

案例 5-6

劳动教育实践中的休息权利维护

某职业学院的杨某在一家餐馆当美食使者。他在周末和法定节假日（元旦和春节除外）工作。他将在 12 月底休两个月的长假，并于次年 3 月开始工作。杨某认为，餐厅没有支付法定节假日的加班费，遂申请劳动仲裁。餐馆承认，杨某上班期间除元旦、春节休息外，其他时间正常工作，但声称杨某在当年年底已经休息了一段时间。仲裁审理后，杨某的请求得到支持，餐馆不认可，向法院上诉。因餐厅不实行不定时工时制，且杨某有法定节假日加班的情形，最终，法院判决餐馆应向杨某支付工作期间法定节假日加班费 20 000 余元。

根据法律规定，休息日安排劳动者加班可以通过安排补休来补偿，但法定节假日不能通过补休来补偿。因为法定节假日享有不可替代的重要纪念意义，在法定节假日安排加班，不仅影响劳动者休息，更重要的是影响劳动者的精神文化生活和其他社会活动，不能通过补休来补偿。法定节假日加班不能安排补休，只能依法支付相应的加班费。

《劳动法》以法律的形式增强劳动者的荣誉感和自豪感，使教育工作者和在劳动教育的安全管理中，通过多种方式开展相关的劳动安全意识和实用技能培训，从而更好地增强受教育者的劳动安全意识，当他们的生命安全和其他合法权益受到侵害时，学会使用法律武器来保护自己的合法权益。

第 4 节　《中华人民共和国劳动合同法》相关内容解读

第十届全国人民代表大会常务委员会第二十八次会议于 2007 年 6 月 29 日通过了《中华人民共和国劳动合同法》（以下简称《劳动

合同法》），并根据 2012 年 12 月 28 日第十一届全国人民代表大会常务委员会第三十次会议关于修改《中华人民共和国劳动合同法》的决定进行了修改。做好劳动教育安全管理工作，是引导教育工作者和受教育者提高对新时期劳动关系认知和处理能力的重要内容。

图 5-4 《中华人民共和国劳动合同法》

一、立法背景

《劳动合同法》是《劳动法》的子法，是落实科学发展观、构建和谐社会的需要。劳动关系是现代社会最基本的社会关系。劳动关系和谐与否，直接关系劳动者的切身利益，是衡量社会是否和谐的重要标准。

受经济体制转轨、社会结构转型、企业机制转换，以及工业化、城市化、全球化和经济结构调整加速的影响，劳资关系趋于多样化和复杂化，劳动关系中的矛盾逐渐显现，如劳动报酬、劳动时间、劳动保护和职业危害、社会保险、劳动者不能分享经济发展成果等方面问题逐渐凸显。正确处理这些问题，为维护社会稳定和开展良好的劳动教育安全管理提供了必要的思路。

二、主要特点

《劳动合同法》共 98 条，对劳动合同的订立、履行与变更、解除与终止等做出了具体的法律规定，内容丰富，体系完整，体现了新时期新阶段的鲜明特征。

（一）强化了用人单位订立书面劳动合同的义务

（1）明确建立劳动关系的标准：用人单位自用工之日起即与劳动者建立劳动关系。

（2）充分考虑用人单位书面劳动合同的各种情况。

（3）完善劳动合同内容，增加6项（工作地点、工作时间和休息休假、社会保险、职业危害防护），减少3项（劳动纪律、劳动合同终止条件、违反劳动合同责任）。

（二）加大了对劳动者的保护力度

（1）加强对劳动者就业稳定的保障。新的强制性规范：必须签订无固定期限劳动合同的情形；用人单位生产经营发生变化时，继续履行劳动合同；适当限制用人单位的劳动合同解除权，加大对年龄偏大职工的优惠保护；规定解除固定期限劳动合同，应当支付经济补偿金。

（2）加强对劳动者劳动报酬、身体健康、休息休假、社会保险等权利的保障。对工资、工作时间、冒险工作、强迫劳动、社会保险等做了具体规定。

（3）明确用人单位违法行为的法律责任。

（三）兼顾了保护用人单位的合法权益

（1）对给劳动者提供了专项培训费的用人单位，允许约定服务期和违约金。

（2）保护用人单位商业秘密，做出了竞业限制的规定。

（3）在裁员规模和程序方面为用人单位创造比较宽松的条件。

（4）限制经济补偿计发基数和计发年限，降低用人单位解雇成本。

（5）明确了劳动者的法律责任。

（四）扩大了法律适用范围

（1）在调整对象方面，扩大了用人单位的适用范围。与之建立劳动关系的国家机关、事业单位和社会团体的劳动者，应当纳入调整范围。明确规定

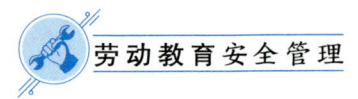

了不具备合法经营资格的用人单位的法律责任,以及个人承包经营非法雇用劳动者的法律责任。

(2)在用工形式方面,增加了劳务派遣和非全日制用工。

(五)形成了完整的劳动关系调整体系

(1)完善了劳动合同制度。

(2)规范规章制度的制定。明确程序要求,改变单方面决定内部劳动标准的现状。

(3)完善集体合同制度。对区域性、行业性集体合同和集体合同履行纠纷的处理做出新的规定,增强实物合同的针对性和有效性。

(4)加强劳动监察和劳动争议处理。进一步细化监督检查内容,提供行政保障。劳动者权益受到损害的,可以申请劳动仲裁,提起诉讼。

(5)强化职工民主决策、监督和管理的作用。规定制定规章制度的民主程序。规定经济裁员的民主程序。规定了用人单位单方面解除劳动合同应履行的民主程序。规定对用人单位履行劳动合同和集体合同进行民主监督。规定了工会帮助、指导工人订立和履行劳动合同的责任。规定了派遣工人加入或组建工会的权利。

(6)完善协调劳动关系三方机制。继《工会法》之后,协调劳动关系三方机制的地位和作用再次以法律形式得到明确。

三、相关内容解读

《劳动合同法》是规范劳动关系的一部重要法律,在中国特色社会主义法律体系中属于社会法。无论是用人单位还是劳动者,了解相关法律法规对劳动合同制度的实施都具有长远的意义,对劳动教育安全管理有未雨绸缪的作用。

第四十二条 劳动者有下列情形之一的,用人单位不得依照本法第四十条、第四十一条的规定解除劳动合同:

……

(四)女职工在孕期、产期、哺乳期的。

……

第 5 章　劳动教育安全管理相关法律政策解读

案例 5-7

某学校在劳动教育模拟课上讨论了妇女权益保护问题，进行了如下情境设计：小米与公司的合同将到期，偏偏此时怀孕。不管小米的实际情况如何，公司决定终止与小米的合同。小米不同意，寻求法律志愿者帮助。法律志愿者告知小米，公司违反了《劳动合同法》关于保护女职工合法权益的规定。

根据《劳动合同法》，女职工在孕期、产期、哺乳期的，合同即使到期，也不能解除。应延长至"第三阶段"结束。公司拟终止也需要提供相应的经济补偿。

第四十四条规定："有下列情形之一的，劳动合同终止：……（四）用人单位被依法宣告破产的……"

案例 5-8

某职业学院学生张某应聘了一家餐饮公司的服务员。双方签订了劳动合同。后因不可抗力因素，餐饮公司停止营业，多名员工滞留当地。但某电商业务量持续增长，送货、拣选等岗位人员短缺。电子商务公司随后与餐饮公司签订了一份《共享就业协议》，约定张某向电子商务公司借调，在规定的时间内从事采摘工作。电商每月把工资交给餐饮公司后，餐饮公司就会给张某发工资。张某同意暂时在一家电子商务公司工作，经公司培训后上岗。但之后餐饮公司宣告破产，并通知张某双方解除劳动合同，同时告知电商公司将无法履行共享用工协议。电商公司还是安排张某打工，给他发工资。

本案中，餐饮公司与电商公司签订并履行了《共享就业协议》。张某同意借调来电子商务公司工作。应认定，餐饮公司与张某口头变更劳动合同中的工作地点、工作内容等事项。因餐饮公司破产，张某与餐饮公司的劳动合同终止，电子商务公司与餐饮公司原有的权利义务关系不复存在。但该电商在明知餐饮企业被宣告破产，双方的分成协议无法履行的情况下，仍安排张某从事经营工作，进行劳务管理，支付劳动报酬，因此依照《关于确立劳动关系有关事项的通知》（劳动和社会保障部［2005］12号），张某与电子商

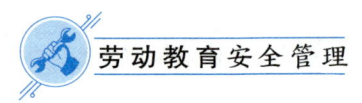

劳动教育安全管理

务公司在张某为其打工期间实际上建立了劳动关系。

实践案例告诉我们,作为新时代的劳动者,应该具备相应的法律素养;无论是用人单位还是劳动者,都应该学会遵法守法、学法用法。劳动教育课程的实施者和劳动教育安全的管理者也要积极关注新时期的劳动关系,用生动的案例增强教育教学和管理的活力和影响力,引导受教育者正确地进行创造性劳动,培养劳动精神。

第5节 《中华人民共和国教育法》相关内容解读

《中华人民共和国教育法》(以下简称《教育法》)是我国教育工作的根本大法,是依法治教的根本大法。我国现行的《教育法》于1995年3月18日在第八届全国人民代表大会第三次会议上通过。根据2009年8月27日第

十一届全国人民代表大会常务委员会第十次会议、2015年12月27日第十二届全国人民代表大会常务委员会第十八次会议和2021年4月29日第十三届全国人民代表大会常务委员会第二次会议的相关决定进行了三次修正。教育法的不断修订,符合时代和现代化发展的要求,对推进新时期劳动教育安全管理工作具有重要的指导意义。

一、修订背景和内容

教育兴则国家兴,教育强则国家强。李克强同志强调,要加快推进教育现代化,建设教育强国,办好人民满意的教育,为实现"两个一百年"奋斗目标提供有力支撑。在2018年9月,全国教育会

议召开，习近平总书记发表重要讲话，对新时代教育做出全面、系统、深入的阐述和部署，要求全面贯彻党的教育方针，坚持立德树人根本任务，坚持社会主义办学方向，培养德智体美劳全面发展的社会主义建设者和接班人。这为新时期劳动教育的发展指明了方向。教育是国家的计划，也是党的计划。《教育法》的修订，是贯彻落实党的十九大精神和全国教育大会精神的重要举措，是对教育基本法律制度的进一步完善。修改后的五个条款，丰富了教育的指导思想，突出了教育的重要地位，完善了教育方针，丰富了教育内容，完善了"培养什么人、怎样培养人、为谁培养人"的规定和制度要求，对于构建德智体美劳全面培养的教育体系，推动教育事业高质量发展，具有重要意义。

二、法律地位及特点

《教育法》是由我国最高权力机关全国人民代表大会审议通过的。这部法律是国家全面调整各种教育关系、规范我国教育工作的基本法律。在我国教育法体系中，《教育法》处于"母法"的地位，具有最高的法律权威。其他单行教育法律法规的制定和实施，必须以《教育法》为依据，不得背离《教育法》所确立的原则和规范。在我国的法律体系中，《教育法》是宪法规定的国家基本法，它与刑法和民法等基本法律处于相同的法律地位。

与一般的教育法律法规相比，《教育法》突出了以下三个特点：一是综合性与针对性相结合，即在全面规范和调整各种教育关系的同时，对教育改革和发展中的突出问题做出了有针对性的规定；二是规范化与导向性相结合，也就是说，在把教育改革和发展取得的成熟经验尽可能以法律规范的形式固定下来的同时，对需要进一步实践和探索的问题做出了指导性规定；三是原则性与可操作性相结合，即在对我国教育改革和发展全局重大问题做出原则性规定的同时，对违反《教育法》的法律责任、执法机关、处罚方式等做出具体规定，为有效实施劳动教育安全管理提供了保障。

三、相关内容解读

第五条　教育必须为社会主义现代化建设服务、为人民服务，必须与生

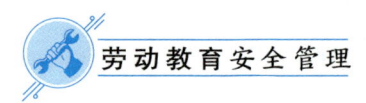

劳动教育安全管理

产劳动和社会实践相结合，培养德智体美劳全面发展的社会主义建设者和接班人。

第六条 教育应当坚持立德树人，对受教育者加强社会主义核心价值观教育，增强受教育者的社会责任感、创新精神和实践能力。

劳动教育作为"五育"之一，是培养担当民族复兴大任的时代新人的重要阵地。落实立德树人根本任务是当前劳动教育安全管理的"指南针"，同时，爱岗敬业是社会主义核心价值观的应有之义，劳动教育相关的组织者和教师，要高度关注和坚持立德树人这一根本任务，通过多样化的活动增强学生的劳动意识，提高学生相应的劳动技能，引导学生树立正确的劳动观念，培养国家和社会需要的劳动人才。

第十五条 国务院教育行政部门主管全国教育工作，统筹规划、协调管理全国的教育事业。

县级以上地方各级人民政府教育行政部门主管本行政区域内的教育工作。

县级以上各级人民政府其他有关部门在各自的职责范围内，负责有关的教育工作。

第十六条 国务院和县级以上地方各级人民政府应当向本级人民代表大会或者其常务委员会报告教育工作和教育经费预算、决算情况，接受监督。

案例 5-9

某县人民政府在财政预算中减少了当地学校开展劳动教育课所需教育经费预算。在网络平台的政务公开活动中这一改变被群众发现，引发相关舆论，受到上级政府的监督，进行了相应的整改。

劳动教育课程作为传播教育理念、树立正确劳动观的重要阵地，需要相关部门的支持。地方扣除与劳动教育活动有关的教育经费，没有认真落实自身责任，向学校和社会释放了错误的引导信号。该信号不利于当地开展健康、法治劳动教育，地方政府应承担相应的法律责任。

第四十三条 受教育者享有下列权利：

（一）参加教育教学计划安排的各种活动，使用教育教学设施、设备、图书资料；

（二）按照国家有关规定获得奖学金、贷款、助学金；

（三）在学业成绩和品行上获得公正评价，完成规定的学业后获得相应的学业证书、学位证书；

（四）对学校给予的处分不服向有关部门提出申诉，对学校、教师侵犯其人身权、财产权等合法权益，提出申诉或者依法提起诉讼；

（五）法律、法规规定的其他权利。

忽视劳动教育

某学校为了追求升学率和提高学习成绩，根本不设劳动课。劳动课实际上是语文、数学、英语的"复习课"。学生从未上过劳动课。此外，学校由于场地有限，没有劳动实践基地，因此没有学生接受劳动教育的空间。学校的各种表彰总是围绕成绩优异、品行良好、特长突出的学生，从来没有劳动方面的表彰。就业有体育加分、特长加分、三好生，从未有过劳动教育。在分数和考核面前，劳动教育成了"无用教育"。

引导学生尊重劳动，树立正确的劳动观念，提高劳动技能，是学校义不容辞的责任。劳动素养是学生核心素养的重要组成部分。该学校的做法侵犯了学生接受劳动教育的正当权利，违反了《教育法》的相关规定，应当承担相应的法律责任。

只有在全社会营造热爱劳动的风气，鼓励创造性劳动，才能更好地澄清认识误区，促进劳动教育事业健康发展，为科技强国、人才强国奠定坚实的基础。

第四十七条　国家鼓励企业事业组织、社会团体及其他社会组织同高等学校、中等职业学校在教学、科研、技术开发和推广等方面进行多种形式的合作。

企业事业组织、社会团体及其他社会组织和个人，可以通过适当形式，支持学校的建设，参与学校管理。

第四十八条　国家机关、军队、企业事业组织及其他社会组织应当为学校组织的学生实习、社会实践活动提供帮助和便利。

在大数据时代,教育信息化、现代化的趋势不可逆转。在开展劳动教育的过程中,要充分利用时代赋予的优势,通过适当的形式寻求政府、企业、社会组织和学校的协调发展,促进劳动教育质量的提高。在劳动教育系统中,通过网络平台收集劳动教学实施过程中出现的问题,利用大数据进行分析,通过产、学、研的相互合作,促进劳动教育成果的共享,帮助重点人群和重点领域劳动教育高质量发展。

第五十条 未成年人的父母或者其他监护人应当为其未成年子女或者其他被监护人受教育提供必要条件。

未成年人的父母或者其他监护人应当配合学校及其他教育机构,对其未成年子女或者其他被监护人进行教育。

学校、教师可以对学生家长提供家庭教育指导。

案例5-11

小羽是一名二年级学生,应劳动教育实践活动课老师的要求,为活动做准备。活动需要空牛奶盒、剪刀、双面胶带等物品。小羽告诉父母,但小羽的父母觉得活动是游戏,与学习成绩关系不大,因此拒绝提供相应物品。第二天,老师发现小羽还没准备好,了解情况后,他为小羽的活动准备了一份材料,然后与其父母进行了沟通。

在本案例中,小羽的父母作为未成年人的监护人,应相应地保护其开展劳动教育活动的权利。他们未能履行《教育法》第五十条的相关规定,对小羽的劳动教育产生了错误的引导,不利于小羽健康全面发展,应接受相关批评教育。

从这个案例可以看出,劳动教育离不开家庭和学校的高度配合。劳动教育相关工作需要进一步创新思路,开拓劳动教育活动课程的新天地,寻求劳动教育的新境界。

第 6 节 《中华人民共和国职业教育法》相关内容解读

职业教育不仅是国民教育体系的重要组成部分,更是人力资源开发体系中的重要组成部分。2020 年 11 月 24 日,习近平在全国劳动模范和先进工作者表彰大会上强调要完善现代职业教育制度,创新各层次各类型职业教育模式,为劳动者成长创造良好条件。职业教育与劳动教育具有天然的融合属性,寻求相关法律保障是推动职业教育与劳动教育联合发展的内在要求。

图 5-5 《中华人民共和国职业教育法》

一、修订背景

1996 年 5 月 15 日《中华人民共和国职业教育法》(以下简称《职业教育法》)公布实施以来,对提高劳动者素质和发展职业教育都起到了巨大的推进作用。随着社会进入新发展阶段,中国的职业教育面临新的要求,现行法律也遇到新的挑战,需要做出新的调整。我国有世界上规模最大的职业教育体系,有超过 1.1 万所职业学校,有 3000 万在校生,平均每年向社会输送 1000

万毕业生。为解决职业教育领域的突出问题，把职业教育在做大的基础上做强，根据第十三届全国人民代表大会常务委员会立法规划安排，教育部自2018年启动职业教育法修订工作，在各部门、各有关方面大力支持下，2020年形成职业教育法修订草案，报请审议。经过广泛深入调研，并根据调研、审议意见进行了修改完善，2022年4月20日经全国人民代表大会常务委员会审议通过了职业教育法的修订。

二、立法宗旨和主要特点

《职业教育法》立法宗旨：推动职业教育高质量发展，提高劳动者素质和技术技能水平，促进就业创业，建设教育强国、人力资源强国和技能型社会，推进社会主义现代化建设。

此次职业教育法修订深入贯彻习近平总书记重要指示精神和党中央、国务院关于职业教育改革发展的决策部署，全面总结职业教育改革发展的政策举措和实践成果，坚持目标导向、问题导向、效果导向，系统构建了新时代职业教育法律制度体系。新修订的《职业教育法》内容大为拓展丰富，体系结构更加完备，针对性和可操作性更强，充分体现了新发展理念和制度创新，其主要特点如下。

（1）坚持党的领导。坚持党的领导是做好教育工作的根本保证。新法着力于把党的领导落实为职业教育法改革发展制度规范。

（2）确立地位。新法首次把职业教育与普通教育作为同等重要的两种不同教育类型来定位，这为职业教育法律制度建设奠定了基础。

（3）办学多元化。多元办学是职业教育区别于普通教育的重要特征。新法明确办学主体多元化，主体既可以是教育部门、行业主管部门和中华职业教育社等群团组织，也可以是企业、事业单位组织。鼓励职业教育办学形式多样化，独立举办与联合举办形式并存，不仅可以举办职业学校或职业培训机构，也可以组织举办实习实训基地等。

（4）产教融合再深化。只有深化产教融合和支持校企合作，才能保障职业教育高质量发展。新法中不少举措大力推动产教全面融合，通过行业组织、企业深度参与，使得职业学校专业设置更具有市场导向性，其中配套的专业教材开发、人才培养方案、教育质量评价及实习实训基地建设全过程等都与行业组织、企业息息相关。通过鼓励深度融合，制定产教融合型企业制度和中国特色现代学徒制度，促使职业院校与行业、企业命运共同体的快速形成和建立。

新法不仅在立法目的中增加了促进就业创业和建设"技能型社会"的规定，并明确职业教育的目的是"为全面建设社会主义现代化国家提供有力人才和技能支撑"，同时规定国家要采取相关措施，努力提高技术技能型人才的社会地位和待遇，大力营造和弘扬劳动光荣、技能宝贵、创造伟大的时代风尚。

三、相关内容解读

新修订的《职业教育法》遵循习近平总书记关于职业教育重要指示精神以及党中央、国务院关于职业教育改革发展的决策部署，凝聚着发展职业教育的改革举措和实践经验，是推动实现职业教育制度化最基本最稳定最可靠的保障，保证职业教育重大改革于法有据，确保职业教育改革在法治的轨道上推进。

1. 提升职业教育社会认可度

为营造职业劳动教育发展良好社会氛围，真正让职业教育"香起来""热起来"，修订后的《职业教育法》在提升职业教育社会认可度方面做了规定，为劳动教育安全管理工作提供了重要指导意义。

第十条　国家采取措施，大力发展技工教育，全面提高产业工人素质。

国家采取措施，支持举办面向农村的职业教育，组织开展农业技能培训、返乡创业就业培训和职业技能培训，培养高素质乡村振兴人才。

国家采取措施，扶持革命老区、民族地区、边远地区、欠发达地区职业教育的发展。

国家采取措施，组织各类转岗、再就业、失业人员以及特殊人群等接受各种形式的职业教育，扶持残疾人职业教育的发展。

国家保障妇女平等接受职业教育的权利。

在劳动教育课程多元化的理念下，我们应当积极寻求劳动教育与职业教育的融合点，在面向农村的职业教育，在革命老区、民族地区、边远地区、欠发达地区职业教育的过程中，在退役军人等转岗工作中，积极探寻劳动教育活动开展的新方式、新方法，并积极探讨与之相适应的法律帮助。在乡村振兴、协调发展的思路下做好劳动教育工作的规划设计。

第十一条　实施职业教育应当根据经济社会发展需要，结合职业分类、职业标准、职业发展需求，制定教育标准或者培训方案，实行学历证书及其他学业证书、培训证书、职业资格证书和职业技能等级证书制度。

国家实行劳动者在就业前或者上岗前接受必要的职业教育的制度。

第十二条　国家采取措施，提高技术技能人才的社会地位和待遇，弘扬劳动光荣、技能宝贵、创造伟大的时代风尚。

《职业教育法》明确了职业学校学生在升学、就业、职业发展等方面与同层次普通学校学生享有平等机会。规定高等职业学校和实施职业教育的普通高等学校应当在招生计划中确定相应比例或者采取单独考试办法，专门招收职业学校毕业生。明确各级人民政府应当创造公平就业环境；用人单位不得设置妨碍职业学校毕业生平等就业、公平竞争的报考、录用、聘用条件；机关、事业单位、国有企业在招录、招聘技术技能岗位人员时，应当明确技术技能要求，将技术技能水平作为录用、聘用的重要条件；事业单位公开招聘中有职业技能等级要求的岗位，可以适当降低学历要求。

案例5-12

近日，应届生郭某将入职一家电气行业的上市公司，成为一名嵌入式软件开发工程师。吸引他的，除了11万元的年薪，还有公司的综合实力和发展前景。他把这个工作机会归功于职业本科期间的学习，他说："学校在理论和技能方面为我插上了双翼。"

2019年起，教育部批准32所学校开展本科层次职业教育试点。劳动光荣、创造伟大是对人类文明进步规律的重要诠释。正因为劳动创造，我们拥有了历史的辉煌；也正因为劳动创造，我们期待着奋斗的当下可以孕育更加美好的未来。

第 5 章　劳动教育安全管理相关法律政策解读

2. 建立健全符合职业劳动教育特点和发展要求的职业学校教师岗位设置和职务（职称）评聘制度

第四十七条　国家鼓励职业学校聘请技能大师、劳动模范、能工巧匠、非物质文化遗产代表性传承人等高技能人才，通过担任专职或者兼职专业课教师、设立工作室等方式，参与人才培养、技术开发、技能传承等工作。

劳动教育的顺利开展离不开高素质的专业教师队伍，技能大师、劳动模范、能工巧匠、非物质文化遗产代表性传承人等高技能人才能够为新时代劳动教育打开新天地、创造新局面。《职业教育法》为培养专业的劳动教育从业者提供了重要保障，并使新时代的劳动教育从业者的评聘等评价体系得到更加规范化、法治化的发展。

3. 维护职业学校学生的合法权益

第三十九条　职业学校应当建立健全就业创业促进机制，采取多种形式为学生提供职业规划、职业体验、求职指导等就业创业服务，增强学生就业创业能力。

 案例5-13

某职业院校为了完成学校劳动教育相应要求，未与学生进行沟通直接安排学生到工厂实习。学生在实习过程中因经常紧急加班，并超过正常工作时间，与实习公司发生较多冲突，学校以学生不在学校为由拒绝参与协调。

学生是劳动教育的主体，在劳动教育实践活动中应当具有自己的主体意识，对自己的劳动教育实施活动和规划具有一定的发言权，并且学校应该在这种沟通机制和渠道上多思考、多提供帮助。该学校明显没有做到这一点，应当承担相应法律责任。

第五十条　国家鼓励企业、事业单位安排实习岗位，接纳职业学校和职业培训机构的学生实习。接纳实习的单位应当保障学生在实习期间按照规定享受休息休假、获得劳动安全卫生保护、参加相关保险、接受职业技能指导等权利；对上岗实习的，应当签订实习协议，给予适当的劳动报酬。

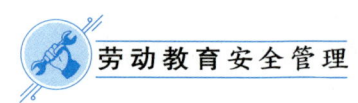
劳动教育安全管理

案例5-14

某职业院校与某公司签订协议使其成为劳动教育实践活动基地合作伙伴。该职业院校要求学生必须到该公司实习,而且公司没有与学生签订相关实习协议,学生在公司进行各种业务活动,经常加班,公司却未付给学生任何报酬。

某职业院校成立自己的劳动教育实践活动基地是重视劳动教育的具体表现,但是在实施劳动教育实践活动过程中没有与该公司进行后续沟通,造成该公司把学生当成免费劳动力,以此压缩自己的经营成本,没有支付学生相应劳动报酬,该公司违反了相应法律,需要承担相应法律责任。

该案例启示我们,要加强劳动教育安全管理意识,突出强调在实施劳动教育过程中明确各方责任,切实以学生为本,维护好学生合法权益,为学生培养良好的劳动素质创造良性外部环境,促进学生全面发展。

4. 注重产教融合

职业学校、职业培训机构实施职业教育应当注重产教融合,实行校企合作。

《职业教育法》强调职业教育实行"校企合作",并进一步明确,国家要发挥企业的重要办学主体作用,推动企业深度参与职业教育,鼓励企业举办高质量职业教育。

第九条 国家鼓励发展多种层次和形式的职业教育,推进多元办学,支持社会力量广泛、平等参与职业教育。

……

《职业教育法》还制定了多种优惠激励措施。在劳动教育活动的开展过程中,明确对深度参与产教融合、校企合作,在提升劳动技术技能人才与促进就业中发挥重要主体作用的企业,按照相关规定给予一定的奖励;对认定为配合劳动教育或产教融合型的企业,按规定给予资金和土地等支持,并落实教育费附加、地方教育附加减免及其他税费优惠。《职业教育法》通过多种方

第5章 劳动教育安全管理相关法律政策解读

式，调动各方积极性和创造性，拓展劳动教育活动范围，为更好地解决劳动教育问题提供智力支持和人才保障。

5. 优化劳动教育的外部环境

第六十一条 国家鼓励和支持开展职业教育的科学技术研究、教材和教学资源开发，推进职业教育资源跨区域、跨行业、跨部门共建共享。

国家逐步建立反映职业教育特点和功能的信息统计和管理体系。

县级以上人民政府及其有关部门应当建立健全职业教育服务和保障体系，组织、引导工会等群团组织、行业组织、企业、学校等开展职业教育研究、宣传推广、人才供需对接等活动。

第六十二条 新闻媒体和职业教育有关方面应当积极开展职业教育公益宣传，弘扬技术技能人才成长成才典型事迹，营造人人努力成才、人人皆可成才、人人尽展其才的良好社会氛围。

当前，我国融通不同资源，通过多平台多渠道宣传劳动模范、时代先锋，营造尊重劳动、激励创新的社会氛围。我国鼓励并支持有关大中型企业、研发中心、职业技术院校和技能人才培养示范基地建立技能大师工作室，为高技能人才开展技术研修、难点攻关、技能创新和带徒传技等创造硬实力支持和软实力条件。技能大师在承担技术技能革新、技术流程改进、解决重大工艺难题外，还在带徒传技方面发挥引领作用。充分鼓励技能大师积极发挥培养技能人才方面的优势，通过传绝技、带高徒，为企业及社会培养大批高质量技能骨干、能工巧匠、大国工匠。这对推进劳动教育水平的提升具有重要作用。

《职业教育法》要求健全投入机制，为职业教育的高水平发展提供高质量保障。我们应当根据《职业教育法》的精神，发展劳动教育，如优化劳动教育经费支出结构，使劳动教育经费投入与劳动教育发展需求相适应；在劳动教育实施过程中，加强资金统筹，规定地方教育附加等经费中可用于劳动教育的资金应当统筹使用；发挥失业保险金作用，支持职工提升劳动教育技能等；政府责任需要落到实处，规定各级人民政府需要参考职业教育办学规模、培养成本和办学质量等各项重要指标落实劳动教育经费。

《职业教育法》关注了各方利益诉求，解决了人民群众最关心及与他们最直接、最现实的利益问题，体现了职教战线广大师生、院校和社会各界的意愿，充分反映了职业劳动教育特色需要和现实需求，这必将有利于提升职业教育与劳动教育的融合度，增强劳动教育在全社会的认可度，塑造社会共识，为发展中国特色劳动教育夯实法治基础。

第 7 节 《中华人民共和国教师法》相关内容解读

《中华人民共和国教师法》（以下简称《教师法》）从 1986 年开始起草，后经过八年酝酿、修改，于 1993 年 10 月 31 日经第八届全国人民代表大会常务委员会第四次会议通过，1994 年 1 月 1 日起施行。继 2009 年修正后，《教师法》于 2021 年开始再次修订，也为新时代教师队伍建设提供了更加完善的法律依据和更加坚实的制度保障，为推进新时代大中小学劳动教育一体化提供重要依据。

图 5-6 《中华人民共和国教师法》

一、立法和修订背景

1986年3月，第六届全国人民代表大会第四次会议和中国人民政治协商会议第六届全国委员会第四次会议上，许多全国人大代表和全国政协委员，提出了关于尽快制定教师法的提案和建议。此后不久，国家教委据此成立了《教师法》起草工作领导小组，着手《教师法（草案）》的起草工作。起草过程中，广泛听取和征求了教育界、法学界一些专家和广大教师的意见，并经过反复修改，历时八年，于1993年10月31日通过，是在总结新中国成立四十多年特别是改革开放十五年来教师队伍建设的成功经验和广泛听取意见的基础上制定、颁行的。至此，我国第一部关于教师的法律——《中华人民共和国教师法》诞生了。

2021年11月29日，教育部发布关于《中华人民共和国教师法（修订草案）（征求意见稿）》（以下简称《征求意见稿》）公开向社会征求意见的公告，开启了新时代弘扬尊师重教社会风尚法治篇章的序言，昭示了国家在法律层面进一步明确教师立德树人过程中的权利与义务的决心，为促进劳动教育现代化开启了新的篇章。

二、立法宗旨和地位

《教师法》以教师为立法对象，把国家尊师重教的方针上升为法律，体现了全国人民的共同愿望和意志。总则第一条对其立法宗旨做了明确规定："为了保障教师的合法权益，建设具有良好思想品德修养和业务素质的教师队伍，促进社会主义教育事业的发展，制定本法。"

《教师法》是我国教育史上第一部关于教师的单行法律，它的制定和颁布体现了党和国家对人民教师的重视。《教师法》不仅从根本上保障了教师的社会地位，对教师的合法权益做出了规定，促使教师成为社会上受人尊重的职业；更有利于加强教师队伍的高素质建设，促进社会主义教育事业的发展。《教师法》的实施和修订符合稳中求进的总基调，为我国教育改革提供了法治理论规制和鲜明的政策导向作用。

三、相关内容解读

《教师法》第七条和第八条对教师的基本权利和义务做出了明确规定，对保障教师在劳动教育教学中的合法权益和规范教师在劳动教育教学中的行为具有重要指导作用。

（一）基本权利

首先，依据《教师法》，教师在进行劳动教育实践中应当充分行使以下权利。

1. 教育教学权

劳动教育活动应更加多元化，不仅包括劳动技术的学习，也包括相应科技活动。具体形式可以结合所在学校的教学计划、教学工作量等具体要求，结合自身的教学特点自主地组织开展；在劳动教育教学的形式、方法、具体内容等方面进行实验和完善。任何组织或个人都不得非法剥夺在聘教师从事劳动教育教学活动、开展劳动教育教学改革和实验的权利。

2. 管理学生权

教师在劳动教育教学过程中居于主导地位。教师有权根据不同发展阶段学生的特点，因材施教，有权对学生的劳动教育提出有针对性的指导意见和建议，就学生个人的劳动教育发展给予全方位的指导；教师有权对学生的劳动表现等方面给予客观、公正的、恰如其分的评价；教师有权运用正确的指导思想和科学的教育教学方法，使学生的劳动能力和特长在劳动教育过程中得到长足进步和充分发展。

3. 民主管理权

劳动教育历久弥新，为响应新时代要求，劳动教育必将有所创造与创新。教师有权针对劳动教育发展过程中的问题提出具体建议，参与劳动教育课程和实践活动发展、改革等方面的重大事项，推进劳动教育安全管理的民主化建设，提高劳动教育安全管理的效益和水平。

4. 进修培训权

劳动教育课程实施和评价体系亟待建立健全，这也对从事劳动教育的教育者们提出更高的要求。教师只有不断提升自身的科学文化素养和教育教学专业技术水平,才能承担相应劳动教育的教育教学实践活动。教师有权进修和接受多种形式的教育培训,通过更新劳动教育的相关知识水平和结构,有效提升思想品德水平和教学技术质量,保障劳动教育教学的成果。教育行政部门、学校和其他教育机构应当提供丰富渠道和多种形式,保障教师进修培训权。

(二)基本义务

权利和义务是统一的。教师在行使权利的同时还要履行相应义务。通常,它有两种不同形式:(1)积极义务和消极义务,积极义务即必须做出一定行为的义务,如《教师法》规定教师在教育教学活动中,贯彻国家的教育方针,遵守规章制度,执行学校的教育教学计划,履行教师聘约,完成教育教学工作任务。消极义务即不做出一定行为的义务,如不得体罚学生的义务。(2)绝对义务与相对义务。绝对义务是指对一般人承担的义务。相对义务指对特定人承担的义务。如教师与学校签订的聘任合同中只对学校承担义务。为了更好地促进学生在劳动教育中的自我发展,需要教师履行好相应义务。

1. 遵守宪法、法律和职业道德,为人师表

它包括如下几层含义:第一,教师在实施劳动教育过程中不仅是模范遵守宪法和法律的表率,而且在劳动教育教学工作中,自觉培养学生的法治素养。第二,教师因教书育人的角色和学生的向师性,需要其必须遵守职业道德规范。教师在教授知识的同时,对学生的思想品德塑造、法律意识形成等方面有着重要的影响,因此,教师的职业道德,不仅是教师自身的行为规范,也是法律赋予教师的基本义务。

2. 完成教育教学工作的义务

教育教学工作是教师的本职工作。它包括以下几方面:(1)教师在教育教学活动中,应当全面贯彻国家关于教育的方针,为社会主义现代化建设服务,与生产劳动相结合,培养德智体美劳等方面全面发展的社会主义事业的建设者和接班人,对学生进行全面指导。在基础教育阶段,要使受教育者的德、智、体、美、劳多方面都得到发展,不能一味重视智育,而把其他摆在可有可无的位置。(2)教师应当遵从教育行政部门、学校及其他教育机构制

定的具体教育教学工作安排。(3)教师应当履行聘任合同中约定的教育教学职责,完成职责范围内的教育教学任务。如果教师因不完成教育教学任务而造成工作损失的,应依据《教师法》第三十七条规定,承担相应的法律责任。

3. 进行思想品德教育的义务

教师通过教学,达到育人的目的。"对学生进行宪法所确定的基本原则的教育和爱国主义、民族团结的教育,法制教育以及思想品德、文化、科学技术教育,组织、带领学生开展有益的社会活动。"这是对教师从事教育教学工作内容方面的全面规范。

其基本含义包括:(1)教师应结合自己教育教学的业务水平和教学特点,将思想政治和品德教育贯穿于教育教学工作全过程之中。(2)在对学生进行思想政治和品德教育时,要遵循宪法的四项基本原则。引导学生逐步树立科学的人生观、世界观。教育学生爱祖国、爱人民、爱劳动、爱科学、爱社会主义,应使学生把坚持学习科学文化与加强思想修养相统一,坚持学习理论知识与投身社会实践相统一,坚持实现自身价值与服务相统一,坚持树立远大理想与进行艰苦奋斗相统一。把学生培养成具有社会公德、文明行为习惯的遵纪守法的好公民。(3)教师应当有意识地对学生进行爱国主义教育、民族团结教育、法制教育,弘扬中华民族精神。

4. 关心爱护学生、促进学生全面发展的义务

"关心、爱护全体学生,尊重学生人格,促进学生在品德、智力、体质等方面全面发展。"

这条是我国《宪法》等有关法律在教育领域的具体体现。我国《宪法》第三十八条规定:"中华人民共和国公民的人格尊严不受侵犯。禁止用任何方法对公民进行侮辱、诽谤和诬告陷害。"《中华人民共和国未成年人保护法》第二十七条也给予了规定:"学校、幼儿园的教职员工应当尊重未成年人人格尊严,不得对未成年人实施体罚、变相体罚或者其他侮辱人格尊严的行为。"国家各类大法之所以对人格尊严都做出规定,是因为人格尊严是权利人最基本的精神权利,权利人的各项人格权利在不同程度上体现了人格尊严的要求,表现了我国法律对人格尊严的尊重。

5. 保护学生合法权益、促进学生健康成长的义务

"制止有害于学生的行为或者其他侵犯学生合法权益的行为，批评和抵制有害于学生健康成长的现象。"

这一义务有两方面含义：（1）教师行使这一制止权限的范围是特定的。主要指教师在学校教育教学工作和与教育教学工作相关的活动中，对侵犯其所负责教育管理的学生合法权益的违法行为给予制止。（2）教师批评和抵制的范围是一般意义上的。保护学生的合法权益和身心健康，不仅是全社会的责任，更是教师义不容辞的义务。因此，对社会上有害于学生身心健康成长的不良现象，教师有义务进行批评和抵制。

 案例5-15

山东某小学开展劳动教育活动时，某个女生突然大声哭泣，影响了活动秩序，教师口头制止无效后，用教鞭打了学生手心，学生停止了哭泣，但被家长得知后，家长要求学校给予具体说明。

《山东省学校安全条例》不是赋予教师惩戒权，而是为教育惩戒行为划定了界限，规范教师惩戒行为。根据《山东省学校安全条例》，这个案例中的老师，其做法是违规的。该条例对教师在教育过程中口头警告时的不规范也做出了很细致的规定：比如不能说粗话、脏话，不能侮辱学生的人格尊严；不能利用言语鼓动其他学生去孤立问题学生；不能指使其他的同学对问题学生进行言语上的或者身体上的攻击或者体罚。

第8节 《中华人民共和国未成年人保护法》相关内容解读

《中华人民共和国未成年人保护法》（以下简称《未成年人保护法》）作为未成年人保护领域的综合性法律，对未成年人

享有的权利、未成年人保护的基本原则和未成年人保护的责任主体等做出明确规定，对劳动教育安全管理工作中的未成年人群体的安全问题解决具有重要指导意义。

图 5-7 《中华人民共和国未成年人保护法》

一、立法和修订背景

未成年人是身心发育尚未成熟的特殊群体，具有特殊的生理和心理特征。《未成年人保护法》制定于 1991 年，先后经历了 2006 年的第一次修订和 2012 年的修正。2020 年 10 月 17 日，第十三届全国人大常委会第二十二次会议表决通过了第二次修订的《未成年人保护法》。

《中华人民共和国未成年人保护法》包含了一些有关未成年人劳动安全教育方面的相关法律条例，比如，第六十一条明确规定：

任何组织或者个人不得招用未满十六周岁未成年人，国家另有规定的除外。

营业性娱乐场所、酒吧、互联网上网服务营业场所等不适宜未成年人活动的场所不得招用已满十六周岁的未成年人。

招用已满十六周岁未成年人的单位和个人应当执行国家在工种、劳动时间、劳动强度和保护措施等方面的规定，不得安排其从事过重、有毒、有害等危害未成年人身心健康的劳动或者危险作业。

任何组织或者个人不得组织未成年人进行危害其身心健康的表演等活动。经未成年人的父母或者其他监护人同意，未成年人参与演出、节目制作等活动，活动组织方应当根据国家有关规定，保障未成年人合法权益。

这与我国《劳动法》中的条例相呼应，我国《劳动法》第十五条规定：禁止用人单位招用未满十六周岁的未成年人。文艺、体育和特种工艺单位招用未满十六周岁的未成年人，必须遵守国家有关规定，并保障其接受义务教育的权利。

二、重要意义

《未成年人保护法》是我国未成年人合法权益的有力保障，对促使他们健康成长有重要的意义。在我国14亿人口中，18周岁以下的未成年人约有4亿。他们今天的素质，就是明天的生产能力、科研能力、战斗能力，他们身上寄托着国家和民族的希望。保障未成年人的健康成长和合法权益，培养他们的优良品质和健康的体魄，是家庭、学校以及全社会的共同责任和任务，也是对发展社会主义事业和实现中华民族复兴具有战略性的任务。未成年人知识和经验不足，辨别是非能力差，模仿性强，容易情绪化和冲动。全社会需要高度重视保护未成年人这个特殊的社会群体，重视他们的教育。

《未成年人保护法》的制定，是实现新时期法治社会的需要。随着社会主义民主与法治建设的快速发展，建立较为系统的未成年人保护法规体系成为时代所需。在我国现有的法规中虽然已有一系列有关未成年人权益保护的条款和规定，但是，这些条款和规定毕竟还仅局限于某一方面，尚未构成完整体系。因此，迫切需要在劳动教育安全方面制定专门性有关青少年法规。根据我国实际情况和未成年人特点，特别是青少年犯罪所反映出来的一系列问题，《未成年人保护法》的修订是十分必要的，它使得对未成年人的保护更加坚实有力。

三、相关典型案例

处于弱势地位的未成年人群体应该在发展过程中受到更多关注和保护，

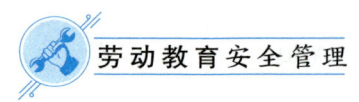

以下案例对劳动教育安全管理具有警示作用。

非法雇用童工发生意外　嘉善法院为花季少女"撑腰"

崔某某在学校劳动教育实践活动中结识了某公司工作人员，经介绍到其公司打工。该公司将未满16周岁的崔某某安排在操作岗位上工作，并约定每月支付其3500元工资，到年终一次结清，崔某某可以根据需要支取部分生活费。两个月后，崔某某在工作中被机器压伤了右手小指，同事将其送到附近的诊所进行治疗，但诊所的处理并没有减轻崔某某的疼痛，于是老板将其送至人民医院进行治疗，最终医生诊断为其右手小指远节指骨骨折，骨质断裂。该事故发生后，崔某某多次向公司负责人申请赔偿，双方经过协商也没有达成一致意见。于是之后崔某某向当地人力资源和社会保障局劳动监察大队进行举报，劳动监察大队依据相关法律法规做出行政处罚决定书，经劳动能力鉴定委员会鉴定，认定崔某某的工伤伤残等级为十级。崔某某在拿到伤残鉴定书后，向当地法院提起诉讼。

当地法官主持双方的调解，指出公司雇用崔某某的行为违反了《劳动法》《劳动合同法》《未成年人保护法》的相关规定。对于崔某某被认定为童工的事实，公司负责人很有意见，在他看来，崔某某是自愿来打工的，公司并没有对其进行任何形式的强迫或压榨，她受伤的事实完全是因为自己操作失误导致的。对此，进行调解的法官列出相关法律条例，向公司负责人解释，只要年龄未满16周岁，出来打工者均属于童工。经过将近3个小时的调解，公司负责人主动承认错误并愿意对崔某某进行赔偿，最终双方达成协议：被告一次性赔偿原告医药费、生活费、鉴定费和赔偿金等共计60 000元。

法院因此警示：不少未满16周岁的未成年人出于种种原因步入社会工作，一些用人单位管理不严格或者铤而走险明知而用之，一旦发生事故，双方常常难以协调。各用人单位在招工时要严守法律规定，核实应聘者的相关信息，万不能因追求廉价劳动力而雇用童工，要做到依法用工，守法经营。

案例 5-17

实验课程安全事故

梁某某,未满 16 周岁,是一名高中学生,在劳动教育实验活动课上被老师要求抽取实验用品。梁某某在没有任何安全保护举措的情况下抽取甲苯或乙苯等溶剂提供给老师使用。梁某某在实验室抽取以上溶剂时,因操作不当导致溶剂发生燃烧并迅速蔓延,最终不幸受伤。经市劳动能力鉴定委员会鉴定,梁某某的伤残等级为三级。

此案例属于校园安全事故,依照《学生伤害事故处理办法》第九条规定,提供给学生使用的学具、教育教学和生活设施、设备不符合国家规定的标准,或者有明显不安全因素造成学生伤害事故的,学校应当依法承担相应的责任。

安全事故处理应明确各自责任并做好应急处理。

(1) 对实验室负责人、管理人和事故当事人,根据情节轻重,分别给予院内通报批评、扣发一定比例年终津贴、年度考评不合格等处理;情节严重者上报学校有关部门,给予相应纪律处分,直至追究其刑事责任。对所在系(室、中心)负责人也要进行相应处理。

(2) 由安全事故造成的一切经济损失由实验室负责人、管理人和事故当事人负责赔偿。

(3) 学院设立安全管理专项基金,用于学院内安全教育、安全防范等工作。

(4) 发生一级安全事故的实验室,相关责任人当年考核不合格,扣发全年津贴。所扣发津贴划入学院安全管理专项基金。

(5) 发生二级安全事故的实验室,根据情节轻重扣发津贴 2000~20 000 元不等,其中实验室相关责任人承担 80%,实验室所在系(室、中心)负责人承担 20%;发生两次及两次以上二级安全事故的实验室,按一级安全事故处理。所扣发津贴划入学院安全管理专项基金。

(6) 对于年度内发生三级安全事故的实验室,发生第一次,学院对实验室负责人和事故当事人予以口头警告,并由事故当事人向学院提交书

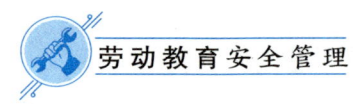

面情况说明；发生第二次，学院对实验室负责人、事故当事人给予书面警告，并由实验室负责人向学院提交书面情况说明；发生第三次，按二级事故进行处理。

（7）事故当事人为学生的，取消其当年奖学金评定资格，同时按照1~6条的处理措施对相关责任教师予以处理。

第9节　相关重要政策解读

劳动教育是中国特色社会主义教育体系的重要组成部分，对中国特色社会主义建设者和接班人的劳动精神的形成、劳动价值取向的选择和劳动技能的提高具有重要的作用。《中共中央　国务院关于全面加强新时代大中小学劳动教育的意见》从根本上抓住了人才培养的薄弱环节。劳动教育赋予了高职院校新的职责，提出了新的要求，强化了新的使命。作为《中共中央 国务院关于全面加强新时代大中小学劳动教育的意见》的配套文件，《大中小学劳动教育指导纲要（试行）》主要针对教育系统内部，细化了相关要求，指导劳动教育的安全管理，意义重大，影响深远。

一、《中共中央 国务院关于全面加强新时代大中小学劳动教育的意见》相关内容解读

《中共中央 国务院关于全面加强新时代大中小学劳动教育的意见》（以下简称《意见》）紧抓人才培养薄弱环节的劳动教育，不仅赋予高职院校新的责任，也提出了新的要求。

（一）《意见》制定的背景和思路

劳动教育是中国特色社会主义教育体系的重要组成部分，对培养社会主义建设者和接班人具有重要的战略意义。《意见》的出台有以下两方面背景：一是贯彻落实新时代党对劳动教育的新要求。2018年9月，习近平总书记在

全国教育大会上明确提出,要努力构建德智体美劳全面培养的教育体系,形成更高水平的人才培养体系。要在学生中弘扬劳动精神,教育引导学生崇尚劳动、尊重劳动。二是劳动教育功能亟待加强。目前,劳动教育存在着被淡化和削弱的现象。一些年轻人不珍惜劳动成果、不想工作、不懂工作,与时代发展和国家要求存在着较大的差距。

随着传统社会向现代社会的发展,劳动教育中的"劳动本性"日益弱化,即从学徒制"教育"到学校学生"教育",从学徒制学习技能到有组织和标准化的就业前准备教育和功能的演变决定了现代劳动教育性质的变化。因此,现代劳动教育的方向首先是劳动精神的培养,其次是劳动技能的获得。

从总体思路看,新时代加强劳动教育必须强调以习近平新时代中国特色社会主义思想为指导,落实立德树人根本任务,把劳动教育纳入人才培养全过程,并贯穿于大学、中学、学校各学段,贯穿于家庭、学校、社会各方面,结合德育、智育、体育、美育,把握育人导向,遵循教育规律,创新体制机制,并注重教育的实效性,实现知行合一,促进学生形成正确的世界观、人生观、价值观。

针对部分青少年不珍惜劳动成果、不愿劳动、不懂劳动的现象,《意见》从思想认识、情感态度和能力、习惯,突出劳动教育的思想性。强调理解和形成马克思主义劳动观,牢固树立劳动最光荣、劳动最崇高、劳动最伟大、劳动最美丽的观念;体会劳动创造美好生活,认识到劳动不分贵贱,热爱劳动、并尊重普通劳动者,培养勤俭、奋斗、创新、奉献的劳动精神;具备满足生存发展需要的基本劳动能力,形成良好的劳动习惯。

高等职业教育是让学生通过主动学习和训练,获得从事某一职业或生产劳动所需要的专业知识、专门技能和基本职业道德,是为将来的劳动做准备,让学生在"职业劳动"的实践培训过程中成长起来。"工学结合、实习结合"是高职劳动教育的基本形式,"校企合作"是高职劳动教育的实践载体,"现代学徒制"是高职劳动教育实践的有效途径,而"干中学"是高职劳动教育习惯和心理意识积累的过程性培养,高职教育的特点决定了高职劳动教育必须具有高要求、高质量和高技能的劳动性质。不分年级,高等职业劳动教育就是要培养大国工匠、能工巧匠,培养一大批技能大师,服务新基础设施、创造新动能。

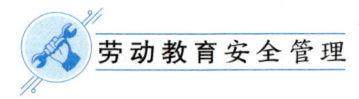

（二）基本原则

在课程设置方面，《意见》强调"整体优化学校课程设置"，构建劳动教育课程体系，在大中小学开设必修课程，落实劳动周，将其他课程有机融入劳动教育内容和要求。在劳动教育时间方面，《意见》主要从两个方面进行规定。一是利用上课时间。中小学劳动教育课程每周不少于1课时；职业院校除实习、实训外，应以不少于16学时专门开展劳动精神、劳模精神、工匠精神专题教育；本科阶段劳动教育课时不少于32学时。二是安排在校外。大中小学每学年都有一个劳动周（高校也可以安排劳动月），这也是课外的集中安排。安排必要的劳动惯例，鼓励学生养成良好的劳动习惯。

《意见》的基本原则有如下5点。

（1）把握育人导向。坚持党的领导，围绕培养担当民族复兴大任的时代新人，着力提升学生综合素质，促进学生全面发展、健康成长。把准劳动教育价值取向，引导学生树立正确的劳动观，崇尚劳动、尊重劳动，增强对劳动人民的感情，报效国家，奉献社会。

（2）遵循教育规律。符合学生年龄特点，以体力劳动为主，注意动手动脑、安全适度，强化实践体验，让学生亲历劳动过程，提高育人实效性。

（3）体现时代特征。适应科技发展和产业变革，针对劳动新形态，注重新兴技术支撑和社会服务新变化。深化产教融合，改进劳动教育方式。强化诚实合法劳动意识，培养科学精神，提高创造性劳动能力。

（4）强化综合实施。加强政府统筹，拓宽劳动教育途径，整合家庭、学校、社会各方面力量。家庭劳动教育要日常化，学校劳动教育要规范化，社会劳动教育要多样化，形成协同育人格局。

（5）坚持因地制宜。根据各地区和学校实际，结合当地在自然、经济、文化等方面条件，充分挖掘行业企业、职业院校等可利用资源，宜工则工、宜农则农，采取多种方式开展劳动教育，避免"一刀切"。

（三）突出特点及措施

1. 面向全体抓贯通

树立正确的劳动观念，培养积极向上的劳动精神，培养必要的劳动能力，

第5章 劳动教育安全管理相关法律政策解读

养成良好的劳动习惯和素质。劳动教育必须面向全体学生，贯穿于大学、中学的各个阶段，遵循教育教学规律和人才培养规律。有序安排劳动教育内容要求，形成各学段递进、一致的劳动教育体系，落实劳动教育任务。

《意见》根据学生年龄特点，系统设计了小学、中学、大学劳动教育的内容要求。各学段和各类教育要聚焦重点，把准定位，开展相关教育活动，做好目标要求、内容选择、组织实施、考核评价等方面的衔接，持续推进。中小学要打好基础，为热爱劳动打好基础。普通高校要通过劳动教育，引导学生积累职业经验，树立正确的择业观，明白空谈误国、实干兴邦的道理。

在设置劳动教育必修课的同时，其他课程和其他活动也要结合学科和活动特点，有机融入劳动教育内容，确保与劳动教育充分结合。中小学道德与法治（思想政治）、语言、历史、艺术等学科，应注重融入劳动创造人自身、劳动创造历史、劳动创造世界、劳动不分贵贱等马克思主义劳动观念。歌颂劳模和普通劳动者，以及勤俭节约、艰苦奋斗等中华民族传统美德的内容，加强对学生艰苦奋斗、诚实劳动的教育。数学、科学、地理、科技、体育等学科要注重培养学生的科学态度、规范意识、效率观念和创新精神。

高校要把劳动教育有机纳入专业教育，不断深化产教融合，加强与行业骨干企业、中小微企业的密切协调，推进人才培养模式改革。特色课程应结合有机整合，实现全覆盖，形成综合性、实用性、开放性、针对性强的劳动教育课程体系。

2. 注重统筹抓协同

劳动教育具有鲜明的社会性，要求面对现实生活世界和职业世界，以动手实践为主要途径，学会改造世界，在改造世界的过程中塑造自己，提高自身素质。在劳动教育中，学校要发挥主导作用，承担起实施劳动教育的主体责任，加强劳动观念、劳动技能和劳动素质的系统培养。同时，仅仅依靠学校承担劳动教育是不够的，要推动建立家庭、学校、社会共同协作、协同实施的机制。家庭要注意发挥基础作用，树立崇尚劳动的良好家风，让孩子从小养成热爱劳动的习惯；社会各方面要发挥对劳动教育的支持作用，充分利用各种资源，为劳动教育提供条件，营造良好的氛围。积极支持学校开展劳动教育，是每一个社会机构、企事业单位的义务和共同责任。

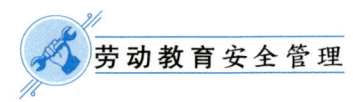

3. 关注素养评价

完善劳动素养评价体系。将劳动素养纳入学生综合素质评价体系，制定评价标准，建立激励机制，组织开展劳动技能和劳动成果展示、劳动竞赛等活动，全面客观记录课内外劳动过程和成果，加强实际劳动技能和价值认同评估。建立公示和审核制度，确保记录真实可靠。把劳动素养评价结果作为衡量学生全面发展状况的重要内容，作为评价的重要参考和毕业依据，作为升学录取的重要参考或依据。

4. 强化安全保障

各地区要建立政府负责、社会协同、有关部门共同参与的安全管控机制。建立政府、学校、家庭、社会共同参与的劳动教育风险分散机制，鼓励购买劳动教育相关保险，保障劳动教育正常开展。各学校要加强对师生的劳动安全教育，强化劳动风险意识，建立健全安全教育和管理并重的劳动安全保障体系。科学评估劳动实践活动的安全风险，认真排查和消除学生劳动实践中的各种隐患，特别是辐射、疾病传染等，在场地设施选择、材料选择、工具设备和防护用品使用、活动流程等方面制定安全、科学的操作规范，加强对劳动过程中各岗位的管理，明确各方责任，防患于未然。制定劳动实践活动风险防控预案，完善应急处置和事故处理机制。

5. 多措并举，加强人才队伍建设

教育行政部门、学校和有关教育培训机构采取多种措施，建立专兼职劳动教育教师队伍，为学校配备专职教师，提供劳动教育课程。高校要加强对劳动教育师资的培养，有条件的师范院校可以设置劳动教育相关专业。根据学院条件，设立劳模工作室和优秀教师岗位，聘请相关行业专业人士作为劳动教育实践指导教师。将劳动教育纳入教师培训内容，开展全员培训，强化每位教师的劳动意识和劳动观念，提升实施劳动教育的自觉性。对承担劳动教育课程的教师进行专项培训，提高劳动教育专业化水平。建立健全劳动教育教师工作考核制度，分类完善评价标准。

6. 完善筹资机制

各地区要统筹财政补助资金和自身财力，在大中小学和校外劳动教育实践基地建设劳动教育场所，加强学校劳动教育设施标准化建设，建立健全学校劳动教育设备和耗材补充机制。各级学校可以按照规定安排公用经费和其

他经费开展劳动教育。同时，教育行政部门还可以采取政府购买服务的方式，吸引一些社会力量和特色专业技术人员，为各级学校提供劳动教育服务。

二、《大中小学劳动教育指导纲要（试行）》相关内容解读

当前忽视劳动的社会现象普遍体现在对体力劳动的轻视和对劳动教育的轻视。《大中小学劳动教育指导纲要（试行）》（以下简称《指导纲要》）重申了《意见》提出的"注重体力劳动，注重动手动脑"的要求，进一步明确了劳动教育的内涵和特点，指出"劳动教育是发挥劳动的育人功能，对学生进行热爱劳动、热爱劳动人民的教育活动"，具有三个基本特点：一是鲜明的思想性，强调劳动者是国家的主人，要鼓励和尊重一切劳动者，反对一切不劳而获、崇尚暴富、贪图享乐的错误思想；二是突出的社会性，要求引导学生走向社会，了解社会，强化社会责任意识，体会社会主义社会平等、和谐的新型劳动关系；三是显著的实践性，以动手实践为主要方式，引导学生学会在认识世界的基础上改造世界，塑造自己，实现立德树人、增进智力、强体育美的目的。

（一）创立背景和特点

目前，在各级各类学校中，存在着没有教育的劳动与没有劳动的教育并存的现象。《指导纲要》从自主开设义务劳动教育课程、在学科专业有机渗透劳动教育、在课外校外活动中安排劳动实践、在校园文化建设中强化劳动文化四个方面明确了劳动教育的途径。这对劳动教育必修课、课外和校外劳动实践、劳动周等提出了具体要求，并将劳动教育纳入人才培养的全过程，有效解决了有教无类的问题。同时，劳动教育也不是简单地让学生扫地、做家务。《指导纲要》围绕讲解、细化操作、项目实践、反思交流、典型示范等关键劳动教育环节，加强对劳动教育方式方法的具体指导。组织学生参加劳动实践，教育学生热爱劳动、热爱劳动人民，切实解决劳动不教育的问题。

《指导纲要》在劳动教育评价方面强调了三点：一是根据劳动教育目标制定劳动素养评价标准，注重对学生劳动素养形成和发展情况的评价和分析。二是对平时表现进行评价，对在校期间劳动教育情况进行综合评价。将评价

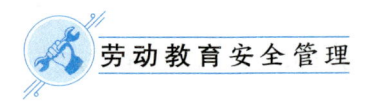

与学生劳动素养监测相区别，提出了相应的要求。三是支持利用大数据、云平台、物联网等现代信息技术，改进评价方法和手段。

（二）坚持原则

《指导纲要》在落实《意见》要求上坚持处理好三对关系。

1. 理论学习和实践锻炼的关系

理论学习和实践锻炼都是劳动教育的必要内容。理论学习注重让学生理解和掌握"劳动创造人""劳动创造世界"等唯物史观的基本理论命题，以及与劳动有关的法律、法规、政策，作为行动指南。实践锻炼注重把学到的知识转化为真正有用的实践技能，养成良好的工作习惯，弘扬劳动精神。在规划劳动教育时，要兼顾二者，坚持理论与实践锻炼相结合的原则，确保每个学生都有必要的劳动实践经验。我们不应该只谈论劳动，在课堂上谈论劳动，更要通过在实践前的规划和构思，在实践中的观察和思考，在实践后的反思和交流，加深对相关思想理论、法律和政策的理解，实现理论学习和实践锻炼的统一。

2. 劳动教育与其他教育活动的关系

在全面开设专门的义务劳动教育课程的同时，可以将中小学义务劳动教育课程和综合实践活动的社会服务、设计制作、专业经验重叠部分整合实施。职业院校和普通高校的劳动教育可以通过专业实践、实训、创新创业等实践环节完成，通过学生管理实施日常劳动。

3. 劳动的传统形态与新形态的关系

将日常生活劳动教育贯穿于大中小学始终。中小学在安排生产劳动和服务劳动项目时，要注重运用传统工具和传统工艺，引导学生体会劳动人民的艰辛和智慧，传承中华优秀传统文化，兼顾运用新知识、新技术、新工艺、新的劳动方法。职业院校和普通高等学校要注意结合产业新业态、劳动新形态，选择现代农业、工业、服务业项目，提升创造性劳动能力。

（三）内容要求

根据《意见》，《指导纲要》从以下几个方面对劳动教育的目标内容进行了细化和具体化：一是明确了劳动教育的目标框架，具体包括树立正确的劳动观念、具有必备的劳动能力、培育积极的劳动精神、养成良好的劳动习惯

第5章 劳动教育安全管理相关法律政策解读

和品质;二是明确了三类劳动教育(日常生活劳动教育、生产劳动教育、服务性劳动教育)的教育价值定位;三是明确了小学、初中、普通高中、职业院校、普通高等学校和三种劳动教育类型的具体要求。各地和学校可以根据上述三个方面的要求,结合实际情况,制定更加具体的劳动教育清单,切实解决劳动教育教学问题。

《指导纲要》明确提出,职业院校劳动教育的重点是结合专业特点,增强学生职业荣誉感和责任感,提高职业劳动技能水平,培养积极向上的劳动精神和认真负责的劳动态度。文件规定,职业院校设置劳动教育必修课,不少于16学时,主要围绕劳动精神、劳模精神、工匠精神、劳动组织、劳动安全和劳动法律法规等方面设计;同时,将劳动教育全面融入公共基础课和专业课,注重培养学生的敬业精神、吃苦耐劳、团结协作、严谨细致的工作态度;还要求职业院校积极开设培训实习场所、设施设备,为普通中小学和普通高校提供所需的服务。

案例5-18

在广西柳州融水苗族自治县苗家小镇小学,学生在养殖场喂羊喂猪,在劳动中体会父母的辛劳。

在湖北省广水市永阳学校,学生在劳动基地采摘蔬果,尽享丰收喜悦。

在山东淄博烧烤文创活动中,学生自愿成为志愿者,在卫生维护、指路协调等方面磨炼自己,为城市发展贡献自己的力量。

在浙江省宁波市北仑区长江小学,学生在"厨神争霸赛"上比试厨艺,劳动让学生们体验到成长的快乐。

[来源:程墨,徐德明,胡航宇,等.课堂有劳动 田间有学生[N]中国教育报,2023-1-11(03).]

(四)劳动安全风险防控与管理

学校要把劳动安全教育和管理作为组织实施的必要内容,强化劳动安全意识,建立健全安全教育与管理并重的劳动安全保障体系。

要根据学生的身心发展情况,适当安排劳动强度和持续时间,注意劳动任务和设施的适宜性。科学评估劳动实践活动的安全风险，认真排查和消除学生劳动实践中的各种隐患。在场地设施的选择、材料的选择、工具器材和防护用品的使用、活动流程等方面制定安全、科学的操作规范，加强对劳动过程中各岗位的管理，明确各方责任，防患于未然。制定劳动实践活动风险防控预案，完善应急处置和事故处理机制。要特别关注劳动过程中存在的健康隐患，按照疾控、卫生健康部门和行业的有关规定采取相应措施，切实保护学生的精神卫生。鼓励购买劳动教育相关保险。

（五）落实路径

一是加强组织管理。各地、各校要明确实施机构和人员，具体负责劳动教育的规划设计、组织协调、资源整合、教师培训、过程管理、总结评估等工作。

二是加强支持和保障。各地、各校要对劳动教育所需的师资、场地、设施、经费等进行合理规划和统筹安排，为实施劳动教育创造必要条件。建立健全家校社会协同实施、师生安全保障、劳动教育督导、考核激励等机制，调动各方积极性。

三是加强专业研究和指导。建立劳动教育研究项目，开展专项研究和实践探索。组织开展劳动教育教研活动，开展劳动教育课程资源研发，促进优质资源共享使用，不断提高劳动教育质量和水平。

案例5-19

山东滨州一所学校在劳动教育实践周期间开展了烹饪活动培训项目。活动中，数十名学生出现集体腹泻，经医院检测，原因是活动采购了不合格原料。依据相关法律法规，对当事人进行相应的罚款，并追究学校的相关责任。

《山东省学校安全条例》第二十四条规定，通过互联网安全教育平台、专题讲座、志愿服务等方式，对学生及其家长进行安全教育。学校要定期对教师、保安人员和其他从业人员进行安全风险防控、应急处置和相关法律知识的教育培训。

《山东省学校安全条例》第三十七条规定，学校应当落实食品安全责任，建立食品安全管理制度，安排专门人员负责学校食品安全管理工作。

自办食堂的学校在采购食品原料、食品添加剂、食品相关产品时，应当查验供方许可证或注册证、产品合格证，保管进货票据，加强采购、供货、留样管理。

委托食堂经营的学校，要加强对委托经营者的监督管理，将食品安全作为合同的必备条款。

提供集中配餐的学校要向取得食品生产经营许可证的企业订餐，并按要求对配送的食品进行检查。

本案例带来启示是多方面的。劳动教育安全管理是劳动教育体系的重要组成部分。安全教育的方针是"安全第一，预防为主"。安全第一，就是从保护的角度，高度肯定安全在劳动教育活动中的地位和重要性。

安全管理不是对事故的处理，而是在劳动教育活动中，根据劳动教育的特点，对生产因素采取管理措施，有效控制不安全因素的发展与扩大，将可能发生的事故消灭在萌芽状态，确保生产活动中人的安全和健康。

实行预防为主，首先要端正消除不安全因素的态度，选择合适的时机消除不安全因素。在安排教育教学内容时，针对可能的风险因素，采取措施消除它们是最好的选择。在劳动教育教学过程中，明确责任，经常检查，及时发现不安全因素，采取措施，尽快坚决消除，是安全管理的鲜明态度。

安全管理的目的是预防和消除事故，防止或消除事故伤害，保护劳动教育参与者的安全和健康。必须把劳动教育中对人的不安全行为和物的不安全状态的控制作为动态安全管理的重点。事故的发生是由于人的不安全行为的运动轨迹与物的不安全状态的运动轨迹产生交集。从事故发生的原则来说，应该把它作为安全管理的重点，不能把约束作为安全管理的重点，因为约束缺乏强制性手段。

劳动教育安全管理是动态发展的，劳动教育安全管理不断完善，以适应不断变化的生产活动，消除新的风险因素。但是，更需要的是不断探索新的规律，总结管控方法和经验，对新变化后的管理进行指导，使安全管理不断上升到新的高度。

在教育改革的征程上，我们将更加重视劳动教育安全管理工作，为推动劳动教育高质量发展做出更大努力。

思考与练习

1. 简要说明新时代加强劳动教育的必要性。
2. 简要说明《宪法》中的劳动保障范围。
3. 劳动教育实践基地活动组织者应如何履行好安全保障义务？
4. 如何维护劳动教育实践中的休息权利？
5. 2022年4月20日，第十三届全国人民代表大会常务委员会第三十四次会议通过了新修订的《中华人民共和国职业教育法》，并决定于5月1日起正式实施。该法自1996年颁布，26年以来首次进行修订。新修订的职业教育法篇幅由原来的3000多字增加到1万多字，内容大大拓展，体系结构更加完备，针对性和可操作性更强，还体现了最新的发展理念和制度创新，亮点纷呈。

结合材料，运用所学，谈谈新修订的《中华人民共和国职业教育法》如何为新时代劳动教育提供支持保障作用。

6. 新时代劳动教育实施中，教师的角色和行为需要发生哪些变化？
7. 你怎样看待新修订的《未成年人保护法》增加的两大保护？
8. 在劳动教育的过程中如何保护好未成年人的休息权利？
9. 新时代劳动教育可以提高未成年人独立生活的能力。请根据未成年人的身心发展规律，设计一项劳动教育实践活动。

参考答案

参考文献

[1]蔡文浩,董彦峰,石志恒.财经类高校构建新时代劳动教育体系的实践探索:以兰州财经大学为例[J].中国大学教学,2021(12):10-17.

[2]曹冬.幼儿园安全管理与教育[M].北京:北京师范大学出版社,2015.

[3]高等院校安全工程专业教学指导委员会.安全学原理[M].北京:煤炭工业出版社,2002.

[4]金磊.中国安全社区建设模式与综合减灾规划研究[J].城市规划,2006(10):74-79.

[5]刘娟娟.劳动教育风险类型与安全保障机制构建[J].新智慧,2021(29):1-3.

[6]吕进,易双.基于Nvivo 12 Plus的劳动教育实践基地评定标准分析[J].高等建筑教育,2022,31(05):206-215.

[7]任国友.劳动教育风险类型与安全保障机制的构建[J].人民教育,2020(08):27-29.

[8]石连海,徐珍.校园安全事故分析与预防:教师读本[M].天津:天津教育出版社,2009.

[9]孙华山.以人为本 安全第一[J].求是,2004(24):39-40.

[10]谢非.风险管理原理与方法[M].重庆:重庆大学出版社,2013.

[11]颜颖婷.地方高校劳动教育实施现状与对策研究[D].南昌:江西农业大学,2022.

[12]冶金工业部建设司.安全管理[M].上海:上海科学技术文献出版社,1990.

[13]尹晓敏.学校安全管理的人文关怀论[J].中国教育学刊,2006

（08）：32-35+74.

［14］张成福.风险社会与风险管理［J］.教学与研究，2009（05）：5-10.

［15］张晗.小学劳动教育安全保障问题及对策研究［D］.贵阳：贵州师范大学教育学院，2022.

［16］郑丹.新时代城区小学劳动教育实践研究［D］.南充：西华师范大学教育学院，2022.

［17］郑飞鹏.学校安全文化与劳动教育共育机制的探索［J］.新课程评论，2022（02）：71-75.